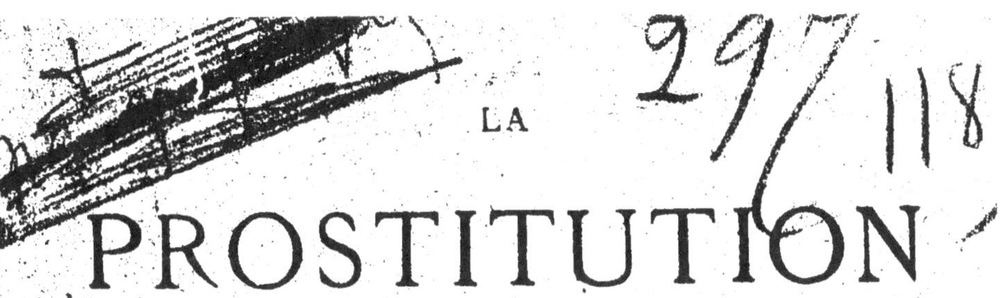

LA PROSTITUTION

A PARIS

PAR

ÉMILE RICHARD

Conseiller municipal de Paris, Conseiller général de la Seine

Avec graphiques

PARIS

LIBRAIRIE J.-B. BAILLIÈRE ET FILS

19, RUE HAUTEFEUILLE, près du boulevard Saint-Germain

—

1890

LA
PROSTITUTION
A PARIS

LIBRAIRIE J.-B. BAILLIÈRE ET FILS

Barthélemy (T.) — *Syphilis et santé publique.* Paris, 1887, 1 vol. in-16
de 568 pages avec 5 pl. . . . . 3 fr. 5o

Corlieu (A.). — *La prostitution à Paris.* Paris, 1887, 1 vol. in-16 de
127 pages (Petite Bibliothèque Médicale) . . . . 2 fr.

Després (Armand). — *La prostitution en France.* Études morales et
démographiques, Paris, 1883, 1 vol. gr. in-8 de 2o3 pages avec 2 cartes
coloriées . . . . 6 fr.

Jeannel (J.). — *De la prostitution dans les grandes villes au dix-neuvième siècle,* et de l'extinction des maladies vénériennes Deuxième
édition. Paris, 1874, 1 vol. in-18 de x-648 pages avec fig. . . 5 fr.

ÉMILE COLIN. — IMP. DE LAGNY

LA
PROSTITUTION
A PARIS

PAR

ÉMILE RICHARD

Conseiller municipal de Paris, Conseiller général de la Seine

Avec graphiques

PARIS

LIBRAIRIE J.-B. BAILLIÈRE ET FILS

19, RUE HAUTEFEUILLE, près du boulevard Saint-Germain

1890

PRÉFACE

L'étude de la réglementation actuelle de la
prostitution à Paris et des réformes qu'il convient d'y apporter, en se plaçant sur le terrain
de l'hygiène publique, m'a été confiée en 1886
par mes collègues du Conseil municipal.

La commission sanitaire (1), en même temps
qu'elle me nommait son rapporteur, décidait
qu'elle procéderait à une enquête sur place au
Dispensaire de la Préfecture de police, à la

(1) Cette Commission était composée de : MM. le Dr Levraud,
président : Dr Chautemps, *vice-président :* Dr Chassaing. *secre-*
taire : Bompard, Dr Paul Brousse, Cattiaux, Cochin, Des-
champs, Lyon-Alemand, Piperaud, Émile Richard, Strauss
et Vaillant.

prison de Saint-Lazare et aux hôpitaux de Lourcine et du Midi.

Après quatre années consacrées à un examen approfondi de cette question, j'ai eu l'honneur de présenter au Conseil municipal, au nom de la commission sanitaire un rapport sur la réorganisation du service sanitaire relatif à la prostitution.

Ce rapport déposé le 18 mars dernier forme la base du travail que je présente aujourd'hui au public.

Examiner au point de vue de la santé publique quelles sont les conséquences de la réglementation actuelle de la prostitution et de l'organisation présente du service des Mœurs;

Rechercher quelles réformes pourraient être apportées à cet état de choses, en s'inspirant des principes de liberté et d'humanité, trop souvent méconnus par une administration, plus soucieuse de donner satisfaction aux préjugés courants, que de garantir les véritables intérêts de l'hygiène matérielle et morale de la population parisienne;

Proposer un ensemble de résolutions pratiques servant de sanction aux longues et remarquables études auxquelles, depuis une douzaine d'années, le Conseil municipal a procédé sur cette question de la prostitution, qui préoccupe à un si légitime degré la population parisienne.

C'est de ces idées que j'ai cherché à m'inspirer dans ce travail.

Émile RICHARD.

Avril 1890.

LA
PROSTITUTION
A PARIS

Chaque année, à l'occasion de la discussion du budget de la Préfecture de police, le Conseil municipal s'est prononcé sur l'impérieuse nécessité de modifier radicalement les moyens employés pour pallier, dans la mesure du possible, aux désastreuses conséquences du développement de la prostitution à Paris.

Ces moyens sont de deux ordres : moyens administratifs ; moyens médicaux et hygiéniques.

Je ne m'occuperai des premiers qu'autant qu'ils m'apparaîtraient, sinon comme des dangers, au moins comme de très insuffisantes garanties pour la santé publique. Les inconvé-

nients qu'ils présentent à d'autres points de vue,
à celui de la liberté des personnes par exemple,
n'ont pas à faire l'objet de cette étude. Ils ont
d'ailleurs été maintes fois exposés, de la façon la
plus complète, particulièrement par M. Sigismond Lacroix et M. Yves Guyot.

Non pas que j'estime que l'autorité publique
doive rester absolument désarmée en face d'un
péril hygiénique et social aussi réel, que celui
qui résulte de l'exercice quotidien d'une profession insalubre entre toutes. Je pense au contraire que la liberté absolue de la prostitution, telle qu'elle a été réclamée par quelques
publicistes dupes d'une trop généreuse illusion,
offrirait des inconvénients tels, que ceux-là
même qui en auraient été les promoteurs ne tar-
deraient pas à réclamer le retour à une réglementation d'autant plus excessive, qu'on aurait
été plus loin dans la voie contraire.

Mais les pouvoirs que je réclamerai pour l'autorité municipale, qui à mon avis doit avoir la
charge exclusive de tout ce qui concerne l'hygiène
publique, j'entends qu'elle les tienne, non d'une
extension abusive d'antiques édits, et d'ordonnances depuis longtemps implicitement abrogées,
mais de textes de lois, nets, précis, n'offrant
aucune prise à l'arbitraire ni à l'équivoque, et
devenant aussi bien une garantie pour les malheureuses que la misère ou le manque d'éduca-

tion ont jetées sur le pavé, que pour la société elle-même.

Ces mesures devraient d'ailleurs, dans ma pensée, s'appliquer non seulement aux prostituées susceptibles de devenir les instruments de diffusion de maladies contagieuses, mais n'être qu'une partie de cette législation générale d'hygiène, que la science moderne réclame, et qui comporte aussi bien les précautions obligatoires à imposer aux personnes, que les dispositions à prendre à l'égard des immeubles ou des usines qui constituent des centres de diffusion de germes infectieux.

Les moyens hygiéniques et médicaux, seront étudiés aussi complètement que possible dans ce travail.

Parmi ces moyens, j'indiquerai, en me réservant d'en apprécier ultérieurement la valeur respective, les visites sanitaires imposées aux prostituées, l'ouverture de dispensaires gratuits où les médicaments internes et externes seraient gratuitement distribués, la création de nouveaux hôpitaux spéciaux ou l'ouverture de services spéciaux aux maladies vénériennes dans les hôpitaux généraux, la substitution de l'internement dans un hospice à l'emprisonnement, l'obligation pour les sociétés mutuelles, les grandes compagnies d'accorder aux vénériens les secours médicaux et pharmaceutiques qui leur sont actuellement refusés par les règlements, enfin l'assimilation des mineures débauchées aux enfauts moralement abandonnés.

Des propositions portant sur chacun de ces points ont été à maintes reprises faites au Conseil municipal. Je les examinerai successivement, à mesure que le cours de cette étude m'y amènera.

Mais, avant d'aborder ce sujet, il me paraît logique de rechercher tout d'abord quelle est réellement, pour la santé publique à Paris, l'étendue du danger que peut lui faire courir la diffusion des maladies vénériennes et spécialement de la syphilis.

PREMIÈRE PARTIE

LES MALADIES VÉNÉRIENNES, LA PROSTITUTION ET LA RÉGLEMENTATION

CHAPITRE PREMIER

LES MALADIES VÉNÉRIENNES

I. — Mouvement des Maladies vénériennes à Paris.

Les éléments d'une statistique, même approximative, des affections connues sous le nom générique de « maladies vénériennes » offrent de telles difficultés à être réunis, qu'on peut considérer comme presque impossible son établissement. Les seuls renseignements exacts qu'on puisse obtenir sont : le nombre des malades traités dans les hôpitaux spéciaux de Paris, et celui des consultations externes dans les mêmes établissements, auxquels on peut ajouter le chiffre des filles reconnues malades et envoyées en traitement, à l'infirmerie de Saint-Lazare, par le Dispensaire de salubrité.

Pour les autres hôpitaux généraux, bien qu'un certain nombre de vénériens y soient admis chaque année, ce n'est qu'à titre de pure tolérance, et le plus souvent la nature de l'affection dont ils sont atteints n'est même pas indiquée sur les feuilles de statistique adressées à l'Administration. M. le docteur Bourneville en a donné la raison à la Commission spéciale de la police des mœurs (1) : l'Administration refuse tout secours aux malades, à leur sortie de l'hôpital, s'il est constaté sur leurs pancartes qu'ils sont atteints de maladies vénériennes. Le fait n'a pas été contesté et ne pouvait l'être. De là, l'obligation pour les internes qui, obéissant à un sentiment d'humanité ou au désir de conserver dans leur service des sujets d'étude intéressants, de remplacer sur les pancartes la mention de l'affection dont sont atteints les malades par une désignation inexacte.

La même incertitude règne quant aux consultations externes des hôpitaux généraux, où cependant se rendent chaque année un nombre considérable de vénériens, sur lequel les statistiques hospitalières sont muettes.

(1) Procès-verbaux autographiés de la Commission spéciale de la police des mœurs, séance du 24 février 1879, p. 58.

Mais ces causes d'ignorance ne sont rien à côté de celles qui résultent des préjugés encore dominants dans une grande partie de la population, en ce qui concerne les affections vénériennes. Nulle part les dissimulations ne sont aussi fréquentes. Beaucoup de gens n'osent même pas, lorsqu'ils en sont atteints, s'adresser à leur médecin habituel et vont réclamer les soins, soit d'un spécialiste plus ou moins autorisé, soit de pharmaciens qui ne craignent point d'assumer la responsabilité d'un traitement tout-à-fait empirique, et le plus souvent illusoire, de maladies qui peuvent avoir les plus graves conséquences dans l'avenir.

Comment, dans de semblables conditions, espérer obtenir le chiffre, même très relatif, du nombre des vénériens traités à domicile ? Il serait téméraire de l'essayer et si plus loin je mentionne, sur quelques-uns de ces points obscurs, l'opinion émise par certains auteurs, ce ne sera évidemment qu'à titre de simples probabilités.

Mais si la statistique est impuissante à fournir un résultat, quant au chiffre absolu des vénériens, il n'en est pas de même lorsqu'il s'agit des mouvements d'augmentation ou de diminution qui peuvent se produire dans leur nombre.

Or, c'est justement là ce qu'il importe de rechercher et de connaître. Et ici j'ai des éléments plus que suffisants d'information, et dans les travaux des éminents praticiens qui se sont occupés de cette grave question, et dans les statistiques fournies par l'administration de l'Assistance publique.

Il est en effet hors de conteste que si la clientèle des hôpitaux spéciaux — Midi, Lourcine, Saint-Louis — où viennent affluer les vénériens, augmente ou diminue, non-seulement pendant une année, mais pendant une période plus ou moins longue, on peut logiquement en conclure que cette diminution ou cette augmentation correspond à un mouvement semblable dans la totalité de la population vénérienne de Paris.

D'autant que, dans les observations auxquelles j'aurai par la suite à me reporter, la base de comparaison est, non-seulement le nombre des malades entrés et traités dans ces hôpitaux, nombre nécessairement limité à celui des lits, et par conséquent peu susceptible de variations d'une certaine amplitude, mais surtout celui des consultations externes. C'est ce qu'a fait très justement remarquer, dans une de ses leçons, M. le Dr Charles Mauriac :

« On m'objectera peut-être, écrit-il, que le chiffre des consultations dans un hôpital ne peut pas donner la mesure exacte de la diminution ou de l'augmentation des maladies ; qu'il y a d'autres éléments dont il faudrait tenir compte. Sans doute que si on pouvait supputer aussi la clientèle civile, on aurait une base plus large de statistique, et par conséquent des résultats plus probants. Mais ces résultats resteraient toujours les mêmes, et ne seraient certainement pas modifiés dans une grande mesure. Est-ce que quand les hôpitaux affectés aux maladies communes regorgent de malades, il n'y en a pas également un grand nombre dans la pratique civile? D'un autre côté, si on vous disait : Dans tel hôpital ou dans tous les hôpitaux de Paris, le nombre des consultants, depuis cinq ans, a plus que doublé, et cette augmentation, loin de diminuer, s'accroît tous les ans, qu'en concluriez-vous ? C'est que l'état sanitaire d'une partie ou de la totalité de la ville est devenu mauvais, qu'il a été vicié d'une façon permanente, et qu'un pareil état de choses n'est pas resté confiné dans une classe restreinte de la population, mais s'est généralisé et a étendu son action partout, de bas en haut, sur tout le monde, peut-être à des degrés inégaux, mais assez cependant pour qu'on puisse dire : toute la ville est devenue malsaine. » (1)

Si l'on ajoute que les chiffres que j'ai pu recueillir concernent non-seulement l'hôpital du Midi, mais aussi également Lourcine et Saint-Louis, c'est-à-dire l'ensemble des établissements

(1) Charles Mauriac, *Leçons sur les maladies vénériennes (Syphilis primitive et syphilis secondaire)*, Paris 1883, p. 184-185.

hospitaliers, où sont régulièrement admis les vénériens, on conviendra que la base de statistique ainsi constituée est suffisamment large pour donner une mesure très rapprochée d'une absolue exactitude des mouvements des affections vénériennes à Paris.

D'autant, qu'en ce qui touche plus spécialement l'objet de ce rapport, c'est-à-dire la relation entre le régime actuel de la prostitution et la diffusion de ces affections, il convient de remarquer que les malades qui sont admis soit aux consultations, soit dans les salles de ces trois hôpitaux, appartiennent justement aux couches sociales parmi lesquelles la prostitution exerce au plus haut degré ses désastreux effets. La clientèle habituelle des filles réellement dangereuses au point de vue sanitaire se compose en effet pour la presque totalité — abstraction faite des militaires — d'ouvriers, de commis, de petits employés, d'individus jeunes et de modeste condition, qui, n'ayant pas les moyens de s'adresser aux maîtres de la science lorsqu'ils sont atteints de maladies spéciales, viennent leur demander leurs soins dans les établissements hospitaliers où ils les dispensent gratuitement au public.

Les observations recueillies dans ces hôpitaux ont donc une autorité considérable, et ont été le premier objet de nos études.

II. — Nombre des vénériens.

De 1872 à 1888, le nombre des malades atteints d'affections vénériennes (syphilis, chancres
simples, blennorrhagie) entrés dans les trois hôpitaux du Midi, de Lourcine et de Saint-Louis, a
été de 118,233, se divisant comme suit :

Syphylitiques : 60,438.

Autres vénériens : 57,795,
soit une moyenne annuelle de 3,555 syphilitiques
et de 3,399 autres vénériens.

Durant la même période, le nombre des consultations externes à l'hôpital du Midi s'est élevé
à 440,658, soit une moyenne annuelle de
25,921.

A l'hôpital de Lourcine, le nombre des consultations externes a été de 54,973, soit une moyenne
annuelle de 3,233 (1).

Pour l'hôpital Saint-Louis, le chiffre des consultations externes donné par l'Administration
est un chiffre global qui comprend des affections
de toute nature. Cet établissement est en effet
un hôpital général, dont certains services sont
spécialement affectés aux maladies de la peau,
et d'autres aux affections vénériennes. Néanmoins, des renseignements particuliers que j'ai

(1) Réponse au questionnaire adressé à l'administration
de l'Assistance publique (nᵒˢ 1, 2, 3).

pu recueillir, il résulte que la moyenne annuelle des consultations externes données à des vénériens dans cet hôpital est de 20,000 au minimum.

Le chiffre moyen des admissions de vénériens dans les trois hôpitaux de Paris, où ils sont régulièrement admis, est donc, pour une période de 17 années, de 6,954 et le chiffre des consultations externes données aux malades de cette catégorie, de 49,154, ce qui, à raison de trois consultations par malade, proportion généralement admise par les médecins de ces hôpitaux (1), représente 16,385 vénériens, soit au total 23,339 ou en chiffre rond 23,000.

Mais il s'en faut que nous ayons là le nombre total des vénériens qui viennent demander des soins aux médecins de nos hôpitaux. Si, comme je l'ai dit déjà, ils ne peuvent guère s'introduire que par une tacite complicité dans les hôpitaux généraux, si, comme l'affirme M. Peyron, ils n'y sont admis « que dans une proportion relativement minime, et le plus souvent parce que ces malades sont en même temps atteints d'une autre affection (2) », il n'en résulte pas moins qu'il y a en permanence une centaine de syphilitiques répartis dans les salles de ces établisse-

(1) Mauriac, *Leçons sur les maladies vénériennes* (*Syphilis primitive et syphilis secondaire*), p. 123.

(2) Réponses au questionnaire (n° 4)

ments. C'était du moins le chiffre donné, en 1883, à la Commission spéciale de la police des mœurs, par M. Brelet, secrétaire général de l'Assistance publique (1).

Or, la durée du séjour des syphilitiques à l'hôpital n'excédant guère deux mois, c'est donc environ 600 vénériens qu'il convient d'ajouter au total qui précède. Et encore n'est-il pas question ici des malades, atteints de blennorrhagie compliquée, d'orchites simples ou doubles, d'ulcérations du col, de métrites, de vaginites, etc., que nous avons tous bien souvent rencontrés dans les services des hôpitaux généraux.

Viennent ensuite les consultations externes des mêmes établissements. Là, tous les malades indistinctement sont admis, examinés, et reçoivent les mêmes soins. Le docteur Léon Le Fort, qui s'est beaucoup occupé de ces questions, a calculé que, sur le nombre total des malades secourus chaque année dans les hôpitaux généraux de Paris, 3.3 pour 100 sont atteints de maladies vénériennes et il en évalue le nombre à environ 14,000.

Il faut encore ajouter à ces chiffres celui des malades envoyés par le Dispensaire de salubrité à Saint-Lazare. Pour les dix dernières années (1879-1888), le nombre des filles soumises ou insoumises reconnues atteintes de maladies conta-

(1) Procès-verbaux, séance du 20 janvier 1883. — *Bulletin municipal* du 28 janvier 1883.

gieuses et dirigées sur l'infirmerie de cette prison a été de 15,939, soit par an 1,594.

Reste la clientèle de ville, celle qui, suivant ses moyens de fortune, s'adresse, soit à des hommes de l'art, instruits et expérimentés, soit, en bien plus grand nombre, aux pharmaciens ou aux spécialistes de bas étage, dont les réclames remplissent les colonnes des journaux, envahissent les murs de la ville, sollicitant partout, par l'attrait menteur du bon marché ou de la commodité des heures de consultations, les jeunes gens qui cachent, comme une flétrissure, une maladie que le préjugé public stigmatise encore trop souvent de l'épithète de « honteuse ». De ceux-là, il est matériellement et radicalement impossible de connaître le nombre. Mais il est évidemment considérable, si l'on en juge par le chiffre d'industriels qui vivent de l'exploitation des affections vénériennes. D'après Lecour, « on peut considérer que le chiffre des vénériens admis aux hôpitaux ne représente guère que le cinquième environ de ceux qui sont traités à domicile par les médecins ou bien qui s'adressent à des pharmaciens ou à des empiriques (1). On arriverait ainsi à un nombre annuel de 47,500.

Ce chiffre, obtenu empiriquement, est très probablement au-dessous de la vérité.

_____

(1) Lecour. *De la prostitution dans la ville de Paris*, p. 87.

En tous cas, si on l'ajoute aux nombres ci-dessus donnés, des malades secourus dans les hôpitaux, on arrive à un total de vénériens qui dépasse 85,000.

On voit que l'étendue du mal est assez grande pour qu'on s'y arrête et qu'on prenne des mesures pour l'enrayer, d'autant plus que, loin de diminuer depuis quinze ans, il s'est au contraire accru dans une proportion considérable.

III. — Augmentation du nombre des vénériens de 1877 à 1882.

En 1875, dans la troisième de ses belles leçons de l'hôpital du Midi, M. le docteur Charles Mauriac concluait ainsi :

« Le nombre des maladies vénériennes dans la ville de Paris a considérablement diminué depuis 1870-1871. Après avoir atteint son minimum en 1871, il s'est relevé en 1872, pour suivre depuis cette époque une progression toujours décroissante (1). »

Cette diminution n'a malheureusement pas continué bien longtemps. Dès 1876-1877 un mouvement en sens inverse s'est produit, et l'atténuation constatée par M. Charles Mauriac a bien vite cédé la place à une augmentation continue

(1) Charles Mauriac. *Leçons sur les maladies vénériennes*, 1883, p. 116.

des entrées de vénériens dans les hôpitaux spéciaux, et surtout à un accroissement véritablement inquiétant du nombre des consultants.

Cette augmentation a atteint son plus haut
point en 1882. A partir de 1883, une période de
décroissance sensible a pu être observée. Elle a
continué jusqu'en 1887. L'année 1888 semble
être la première d'une nouvelle période croissante.

Les deux tableaux suivants, dressés sur les
renseignements statistiques fournis par le service de l'Assistance publique, le démontrent
surabondamment :

A. — *Nombre des entrées dans les hôpitaux du
Midi, de Lourcine et de Saint-Louis (1872 à
1888 inclus).*

		Saint-Louis.	Midi.	Lourcine.	Total.	Récapitulation.
1872..........	S.	815	1.483	1 220	3.518	6.093
	A.V.	117	2.220	241	2.578	
1873..........	S.	824	1.644	1.180	3.648	6.199
	A.V.	141	2.206	204	2.551	
1874..........	S.	680	1.767	1.162	3.609	5.859
	A.V.	228	1.932	90	2.250	

		Saint-Louis.	Midi.	Lourcine.	Total.	Récapitulation.
1875	S.	729	1.731	695	3.155	5.770
	A.V.	110	2.238	267	2.615	
1876	S.	632	1.400	511	2.543	5.594
	A.V.	127	2.527	397	3.051	
1877	S.	724	1.761	579	3.064	6.403
	A.V.	128	2.577	634	3.339	
1878	S.	774	1.886	760	3.420	7.118
	A.V.	124	2.873	701	3.698	
1879	S.	1.004	1.809	794	3.607	7.683
	A.V.	186	2.902	988	4.076	
1880	S.	1.116	1.693	1.596	4.407	7.844
	A.V.	158	2.981	308	3.447	
1881	S.	988	1.466	1.649	4.103	8.125
	A.V.	293	3.410	319	4.022	
1882	S.	1.075	1.047	1.875	3.997	8.456
	A.V.	373	3.724	362	4.459	
1883	S.	1.127	1.093	1.603	3.823	8.158
	A.V.	447	3.579	309	4.335	
1884	S.	774	1.081	1.517	3.372	7.525
	A.V.	349	3.511	293	4.153	
1885	S.	859	1.304	1.258	3.421	7.035
	A.V.	347	3.023	242	3.614	
1886	S.	918	1.222	1.270	3.410	7.550
	A.V.	409	3.340	391	4.140	
1887	S.	1.099	1.118	1.320	3.537	7.283
	A.V.	240	3.064	442	3.746	
1888	S.	1.055	1.379	1.377	3.811	7.642
	A.V.	120	3.256	455	3.831	

S. Syphilitiques. — A. V. Autres vénériens.

B. — *Consultations externes dans les hôpitaux du Midi, de Lourcine et de Saint-Louis (1872 à 1888 inclus).*

	Saint-Louis.	Midi.	Lourcine.
1872	82.996	18.477	1.845
1873	88.196	19.829	1.993
1874	85.627	18.419	3.139
1875	78.664	16.406	2.426
1876	74.514	17.088	1.451
1877	77.976	19.358	1.833
1878	76.752	21.389	2.334
1879	82.762	29.907	3.531
1880	89.161	36.663	4.057
1881	92.119	37.867	4.398
1882	94.109	37.921	4.913
1883	89.365	33.978	4.147
1884	82.458	34.547	3.852
1885	94.064	26.038	3.574
1886	89.359	26.027	3.320
1887	89.314	23.122	3.617
1888	90.908	23.622	4.573

Si l'on consulte le tableau A, on voit que le nombre des vénériens, entrés dans les trois hôpitaux du Midi, de Lourcine et de Saint-Louis, qui avait diminué de 8.16 pour 100 de 1872 à 1876, a augmenté de 49.34 pour 100 de 1877 à

1882, pour s'abaisser de nouveau de 12.82 p. 100 de 1883 à 1887.

Le tableau B montre les oscillations des consultations externes dans les mêmes hôpitaux. Mais ici, il convient d'établir les comparaisons par hôpital, car, pour les raisons que nous avons précédemment indiquées, les consultations de l'hôpital Saint-Louis, mentionnées seulement pour montrer l'identité du mouvement d'augmentation dans les trois hôpitaux, ne sauraient servir de base à un calcul quelque peu précis, toutes les affections générales ou locales y étant inscrites en bloc. Au Midi et à Lourcine, nous n'avons, au contraire, affaire qu'à des vénériens.

Or, dans le premier de ces hôpitaux, je constate qu'à une diminution de 22.03 pour 100 pendant la première période (1872-1876), succède une augmentation de 125.04 pour 100 pour la seconde (1877-1882), suivie d'une diminution de 39.02 pour 100 pendant la troisième (1883-1887).

A Lourcine les mouvements sont les suivants : diminution de 21.24 pour 100 de 1872 à 1876 ; augmentation de 238,73 pour 100 de 1877 à 1882 ; diminution de 26,38 pour 100 de 1883 à 1887.

L'accroissement constaté pour l'hôpital Saint-Louis, qui, suivant tous les renseignements que j'ai pu recueillir, a porté presque exclusivement sur les maladies vénériennes, correspond à une augmentation d'au moins 6,000 consultants de 1876 à 1882.

En présence de tels résultats constatés pour les mêmes périodes d'années, dans les trois hôpitaux où sont secourus les vénériens, il n'est pas possible de nier la réalité de ces oscillations, dont nous aurons plus tard à rechercher les causes probables.

Il m'est donc, dès à présent, permis d'affirmer, à la suite des syphyliographes les plus éminents, et particulièrement de MM. Mauriac, Martineau, Alfred Fournier, qu'à une diminution sensible, mais très limitée en somme, de la contagion vénérienne dans Paris, a succédé pendant six ans une augmentation énorme, qui s'est atténuée pendant les cinq années suivantes, et que le nombre des vénériens qui s'était accru dans une proportion considérable, reste encore beaucoup au-dessus de ce qu'il était il y a treize ans.

Il reste à examiner dans quelle proportion se sont accrues chacune des trois espèces comprises sous le nom commun de maladies vénériennes : la syphilis, la blennorrhagie et le chancre simple.

1° SYPHILIS. — Si l'on s'en rapportait uniquement aux indications fournies par le tableau A (malades traités dans les hôpitaux), on en conclurait que le nombre des individus atteints de syphilis, n'a varié que dans une proportion très restreinte pendant la période 1876-1882. La comparaison entre les admissions à l'hôpital du Midi pendant les quatre années 1872-1875, qui constituent la première période de décroissance, et les quatre années 1878-1881, qui ont fourni les chiffres les plus élevés de la période croissante, donnent en effet un excédent annuel de 42 cas seulement pour la seconde sur la première, c'est-à-dire une quantité presque négligeable. A Lourcine, la proportion est sensiblement plus considérable. La comparaison des deux périodes nous donne un excédent de 135 cas par année, chiffre notable, surtout si on le compare à celui des lits de cet établissement.

Mais le nombre des admissions, tout en fournissant des indications qu'il convient de recueillir, est une base absolument insuffisante d'études. Les chiffres des consultations seuls sont des éléments de statistique d'une réelle importance, et malheureusement l'Assistance publique donne les chiffres en bloc, sans établir de catégories parmi les malades qui y ont été admis.

Il me faut donc m'en référer à l'autorité des médecins des hôpitaux spéciaux, qui ont été mieux que qui que ce soit à même de se rendre un compte exact des mouvements des maladies syphilitiques pendant la période d'années que nous venons d'examiner.

M. le docteur Charles Mauriac a très soigneusement noté les observations de la presque totalité des malades qui se sont présentés à sa consultation en 1879 et 1880. Pour les affections syphilitiques, il donne les chiffres de 1,641 pour 1879 et de 1,727 pour 1880. L'augmentation est à peu près la même que pour les admissions. Martineau a fait des remarques semblables à Lourcine, et il déclare que le nombre des syphilitiques s'est sensiblement accru de 1877 à 1881, mais sans donner de chiffres (1). M. le docteur Léon Colin, médecin inspecteur général des armées, arrive aux mêmes conclusions à la suite d'observations prises dans les hôpitaux militaires (2).

Un autre document intéressant à consulter, à ce point de vue spécial, c'est le tableau suivant, établi grâce aux travaux du service de Statistique municipale de Paris, tableau qui donne le chiffre des morts de syphilis de 1872 à 1888 :

(1) Martineau, *Prostitution clandestine*, Paris, 1855.

(2) Léon Colin, *Paris, sa topographie, son hygiène, ses maladies*, Paris, 1885.

C. — *Nombre des décès de syphilis par âges* (1872-1888).

ANNÉES.	De 0 à 1 an.	De 1 à 5 ans.	De 5 à 10 ans.	De 10 à 15 ans.	De 15 à 20 ans.	De 20 à 25 ans.	De 25 à 30 ans.	De 30 à 35 ans.	De 35 à 40 ans.	De 40 à 45 ans.	De 45 à 50 ans.	De 50 à 55 ans.	De 55 à 60 ans.	De 60 à 65 ans.	De 65 à 70 ans.	De 70 à 75 ans.	De 75 à 80 ans.	De 80 à 85 ans.	Plus de 85 ans.	TOTAL.
1872	98	6	1	»	»	»	7	3	1	3	3	»	1	1	»	»	»	»	»	124
1873	121	6	»	»	»	1	1	1	2	2	2	2	»	»	»	»	»	»	»	138
1874	94	4	»	»	1	1	4	2	2	2	2	»	»	»	»	1	1	»	»	114
1875	128	7	»	1	»	»	1	1	3	2	2	3	»	»	»	»	»	»	»	148
1876	121	12	»	»	2	3	1	1	»	2	2	1	1	1	1	»	»	»	»	148
1877	154	10	»	»	»	1	»	2	3	2	2	2	1	1	»	»	2	»	»	180
1878	167	21	3	»	1	1	3	3	2	1	2	1	»	1	1	»	»	»	»	207
1879	124	21	1	»	1	1	1	2	1	2	2	1	3	1	1	»	»	1	»	163
1880	140	30	2	»	1	1	2	3	5	3	3	1	1	1	»	1	1	»	»	195
1881	173	29	1	1	1	3	5	4	1	6	5	3	3	»	1	3	1	»	1	241
1882	235	20	»	»	»	1	6	6	2	2	3	3	1	1	»	»	»	»	»	280
1883	228	20	»	»	3	4	2	3	3	6	5	3	3	1	2	1	1	»	»	285
1884	241	15	»	»	1	3	3	4	2	2	4	2	1	2	3	1	1	»	»	285
1885	193	16	1	»	1	2	2	3	4	3	4	3	2	1	2	1	»	1	»	239
1886	218	11	1	1	»	1	3	4	7	3	3	2	2	1	1	1	»	»	»	259
1887	194	17	1	»	3	2	2	9	5	2	3	3	1	1	1	1	»	1	»	246
1888	248	11	2	»	»	3	2	3	2	2	4	3	1	»	1	»	»	»	»	282
TOTAL	2.877	256	13	3	15	28	45	54	45	41	51	34	25	13	15	9	5	3	2	3.534

Ici encore, j'ai évidemment des chiffres bien au-dessous de la vérité, l'indication des causes de décès résultant des déclarations recueillies soit des familles, soit des médecins de l'état-civil. Mais le mouvement qu'ils indiquent est identique à celui donné par les précédents tableaux. On voit, en effet, le nombre des décès, qui était resté presque constant de 1872 à 1876 (124, minimum; 148, maximum), s'élever rapidement à partir de 1877 pour doubler presque (285) en 1882 et 1883. C'est au moins une coïncidence remarquable.

Néanmoins, je me donnerai garde de tirer de ces renseignements des conclusions trop absolues. Leur manque de précision me commande une extrême réserve. Mais il m'est au moins permis d'affirmer que si la syphilis n'a pas fait de progrès inquiétants, elle ne recule pas, quelques mesures qu'aient prises jusqu'à présent les administrations parisiennes pour en diminuer la diffusion.

Il y a là une situation qui mérite d'attirer toute l'attention des hygiénistes et des sociologistes, car la gravité de cette maladie n'est plus à démontrer. Si, depuis une vingtaine d'années, grâce aux travaux des Ricord (1), des Lancereaux (2), des

(1) Ricord. *Lettres sur la Syphilis*, 3e édition. Paris, 1863.
(2) Lancereaux. *Traité historique et pratique de la Syphilis*, 2e édition. Paris, 1874.

Mauriac (1), des Fournier (2), elle n'inspire plus l'épouvante qu'elle causait jadis ; si, pendant sa première explosion, elle n'est pas sortie des formes moyennes comme intensité, elle n'en entraîne pas moins les conséquences les plus funestes.

Personne ne contestera, en effet, qu'elle ne soit une des causes les plus fréquentes de cette dépopulation qui préoccupe si justement tous les esprits soucieux de l'avenir de notre pays. Il me suffira de rappeler que Kanowitz affirme « qu'un tiers de tous les enfants nés de parents syphilitiques meurt avant la naissance, et que, parmi ceux qui naissent vivants, 34 % meurent dans les six premiers mois de l'existence. »

M. le docteur Armand Després, qui a fait une étude très complète et très remarquable de cette question, arrive à des conclusions identiques : « On peut arriver approximativement, dit-il, au chiffre de 2 % pour les mort-nés du fait de la syphilis des parents, ou, si l'on préfère, le quart de la totalité des mort-nés. Cela fait un chiffre relativement considérable, 12,000 par an ». (3)

(1) Charles Mauriac. *Leçons sur les maladies vénériennes.* I. Syphilis primitive et syphilis secondaire. II. Syphilis tertiaire. 1890.

(2) Alfred Fournier. *Leçons sur la Syphilis étudiée plus particulièrement chez la femme,* 1881 ; *Syphilis et Mariage,* 2ᵉ édition, 1890.

(3) Armand Després. *La Prostitution en France, Études morales et démographiques.* Paris, 1883.

La statistique suivante des syphilitiques admises de 1880 à 1885 dans les services d'accouchement, et des enfants nouveau-nés atteints d'accidents syphilitiques morts à l'hôpital, statistique établie par l'administration de l'Assistance publique sur la demande de la Commission sanitaire, confirme les citations qui précèdent :

ÉTABLISSEMENTS.	NOMBRE d'accouchées syphilitiques.	NOMBRE d'enfants syphilitiques morts.	RAPPORTS.
Pitié........	4	4	100 p. %
Charité.........	56	46	82 p. %
Cochin....... .	133	116	87 p. %
Beaujon........	10	8	80 p. %
Lariboisière...	78	27	34 p. %
Tenon	13	13	100 p. %
Saint-Louis....	76	61	80 p. %
Lourcine.....	542	140	25 p. %
Maternité	50	16	33 p. %
Clinique.......	34	27	79 p. %
Total.	996	458	45 97 p. %

Dans un remarquable travail lu à l'Académie de médecine, en mars 1885, M. le docteur Alfred Fournier a du reste montré de la façon la plus saisissante le rôle de la syphilis comme facteur de la dépopulation (1). Il a établi que, quand un

(1) Alfred Fournier. *Sur la diminution de l'accroissement de la population en France.* (*Bulletin de l'Académie de médecine,* 1885, 2ᵉ série, t. XIV. p. 285. — *Syphilis et Mariage,* leçons professées à l'hôpital Saint-Louis. Nouvelle édition, 1890.)

homme syphilitique contracte mariage, il y a beaucoup de chances pour que de ce mariage ne résultent que des avortements ou des enfants mort-nés. 200 cas de mariages entre pères syphilitiques et mères saines, observés dans la clientèle de M. Fournier, lui ont fourni 403 grossesses, sur lesquelles 288 enfants survivants contre 115 enfants morts (avortements, mort-nés ou morts dans le premier mois) ; soit 28 morts sur 100, ou plus d'un mort sur 4 naissances.

Les chiffres sont bien plus fâcheux encore dans le cas d'une mère ou d'un couple syphilitique, 44 femmes devenues enceintes au cours d'une syphilis récente, transmise par l'enfant et par l'époux (clientèle privée), ont fourni 44 gros_sesses ; dans 43 cas, l'enfant est mort : 27 avortements, 6 mort-nés, 8 décès de 1 heure à 15 jours, 2 décès de 45 jours à 7 mois ; un seul enfant a survécu.

Quand la syphilis est moins récente, la mortalité est moindre, mais encore énorme : 100 femmes syphilisées par leurs maris (clientèle privée) ont eu 208 grossesses ; il y a eu 148 enfants morts, soit une mortalité de 71 %.

A l'hôpital, la mortalité est plus grande encore. A Lourcine, M. Alfred Fournier a trouvé, sur 100 grossesses chez de femmes syphilitiques, 86 enfants morts ; à Saint-Louis, 84 sur 100.

En relevant dans un grand nombre d'auteurs

tous les faits analogues, cette statistique de tout
le monde a donné 491 grossesses avec 109 enfants vivants contre 382 morts, soit 77 enfants
morts sur 100. La moyenne des statistiques qui
précèdent donne 68 enfants morts sur 100 dans
les familles syphilitiques.

« La syphilis, conclut M. Fournier, prend donc
une part imposante, considérable, dans la mortalité de l'enfance, et conséquemment elle a sa
place parmi les facteurs de la dépopulation (1).

2° BLENNORRHAGIE ET CHANCRE SIMPLE. — Si
l'augmentation de la syphilis de 1876 à 1882 a
été relativement faible, il en est tout autrement de celle des deux autres espèces vénériennes. Les moyennes annuelles ont été à l'hôpital du Midi :

<pre>
Pour la période 1872-1876.........   2.149
Pour la période 1877-1882.......   3.018
Pour la période 1883-1888....   .   3.296
</pre>

Soit une augmentation de 1,147 cas, ou 52 p. 100.

A Lourcine, les moyennes pour les mêmes périodes ont été respectivement de 240, 552 et 355.

La blennorrhagie a été en progression constante
depuis 1876 (2). Or cette affection, qui représente à

(1) Alfred Fournier. *Bulletin de l'Académie de Médecine*,
1885, p. 293, et *Syphilis et Mariage*, 1890, p. 364.

(2) Martineau. *Prostitution clandestine*. Paris, 1885, p. 136.

peu près la moitié du nombre des maladies vénériennes secourues dans nos hôpitaux, ne saurait être considérée comme aussi bénigne qu'on le pense communément. Elle peut avoir des suites très sérieuses pour les malades qui n'ont subi qu'un traitement insuffisant, ou même ne se sont pas soignés du tout, ce qui est très fréquent parmi les classes peu instruites de la société. « Les affections blennhorragiques, dit Mauriac, doivent être rangées parmi les plus délicates et les plus difficiles à guérir (1).

Comme la syphilis, bien qu'à un moindre degré, elles ont leur action funeste sur la fécondité des unions. « Sans entrer dans de grands détails, écrit le docteur Després, nous disons avec Hunter et Ricord qu'une blennorrhagie compliquée d'orchite double rend l'homme presque irrémédiablement stérile ; que la blennorrhagie propagée au col de l'utérus et à la cavité utérine, rend la femme irrémédiablement stérile. » (2)

Ajoutons que, contrairement aux deux autres espèces vénériennes, la blennorrhagie ne tend nullement à diminuer depuis 1882, mais augmente au contraire chaque année. Les deux tableaux suivants le démontrent :

(1) Charles Mauriac. *Loc. cit.*, p. 36.
(2) Armand Després. *La Prostitution en France*. Paris, 1883, p. 158.

Blennorrhagies simples traitées dans les hôpitaux (1).

	SEXES	
	Masculin.	Féminin.
Année 1882...............	504	17
— 1883...............	531	11
— 1884...............	785	39
— 1885...............	945	76
— 1886...............	1.153	152
— 1887...............	805	388
— 1888...............	928	120

Blennorrhagies compliquées d'orchite (2).

	Sortis.
Année 1882...............	1.452
— 1883...............	1.625
— 1884...............	1.472
— 1885...............	1.549
— 1886...............	1.233
— 1887...............	1.525
— 1888...............	1.815

Il convient de remarquer que le nombre des blennorrhagiques qui sont admis dans les hôpitaux est excessivement faible, par rapport à celui des malades atteints de ces affections qui sont soignés aux consultations externes de ces établissements et surtout en ville.

L'augmentation du chancre simple est encore

(1) *Annuaires de statistique municipale* (1882-1888).
(2) *Annuaires de statistique municipale* (1882-1888).

plus marquée. Cette espèce est celle qui, depuis quinze ans, a présenté les fluctuations les plus considérables et les plus singulières. En 1874-1875, le chancre simple était moins fréquent que le chancre syphilitique, et ne représentait plus que la vingtième partie du nombre total des maladies vénériennes. Depuis cette époque, il a reparu chaque année en nombre plus considérable dans les salles et aux consultations des hôpitaux spéciaux. En 1876, le rapport entre le chancre syphilitique et le chancre mou était de 5,5 à 1. En 1877, il était de 2,33 à 1. En 1878 de 2,7 à 1. En 1879, la proportion se renverse. Le chancre simple devient plus fréquent que le chancre syphilitique. Elle s'accroît encore en 1880, où il forme le dixième environ des maladies vénériennes.

Ajoutons que, malgré ce rapide accroissement en nombre, le chancre simple ne s'est pas aggravé, et que les statistiques de ces dernières années montrent une diminution notable de cette forme vénérienne, qui est d'ailleurs, de l'avis de tous les auteurs, celle qui cède le plus facilement aux mesures d'hygiène générale.

L'étude, très sommaire, à laquelle je me suis livré, quant au nombre et aux mouvements des affections vénériennes à Paris pendant les dix-sept dernières années, suffira, je n'en doute pas, à appeler l'attention sur la nécessité de rechercher, et de trouver, sinon le remède, du moins un palliatif énergique à une situation qui ne laisse pas que d'être très grave, au point de vue de la conservation de la santé publique et de l'accroissement de la population de notre pays.

Le premier point à élucider maintenant, c'est la relation qui peut exister entre ces oscillations des maladies vénériennes, et les changements qui ont pu survenir, soit dans le régime administratif, soit dans toute autre cause d'accroissement ou de diminution de la population à Paris. C'est cette recherche qui fait l'objet du chapitre suivant.

CHAPITRE II

LA PROSTITUTION A PARIS

I — État actuel.

Je répéterai, en commençant ce chapitre, ce que j'ai dit au début du chapitre précédent.

La statistique, impuissante à délimiter exactement l'étendue du mal, peut et doit être très utilement employée à en indiquer les mouvements. Or, ces mouvements suffisent pour établir la relation que j'ai à rechercher.

Mais il est une précaution indispensable à prendre, si nous voulons aboutir à autre chose qu'à la plus lamentable confusion : c'est de définir très nettement et très clairement ce qu'au point de vue de l'hygiène publique, il faut entendre par le mot de prostitution.

Les innombrables auteurs qui se sont occupés

de cette question, l'ont en effet employé dans tant et de si diverses acceptions, qu'il est nécessaire de bien s'entendre sur les idées qu'il doit évoquer. Il suffit d'avoir, même très superficiellement, parcouru quelques-uns des ouvrages qui traitent de cette matière, pour s'apercevoir que sous le nom de « prostituée », on en est parfois arrivé à comprendre toute femme qui ne garde pas absolument intacte la robe d'innocence de la vierge, ou la sévère fidélité de la matrone.

Les théologiens, les philosophes, les moralistes, les légistes, les romanciers, ont tour à tour voulu dire leur mot sur ce délicat et complexe problème, et ne sont malheureusement parvenus, la plupart du temps, qu'à en augmenter l'obscurité.

Dans les milieux scientifiques même, où la propriété des termes devrait être la règle, on en est arrivé aujourd'hui à ne plus savoir où commence la prostituée, et où elle finit, et cependant c'est là l'initiale condition de toute étude qui a la prétention d'aboutir à autre chose qu'à des conclusions tellement théoriques et irréalisables·

La Préfecture de police, qui de tout temps a considéré la prostitution comme faisant partie intégrante de son domaine, a du reste contribué plus que qui que ce soit à accroître cette confusion. Cédant à une tendance bien humaine. elle a voulu sans cesse étendre la matière sur laquelle elle pouvait exercer son pouvoir discrétionnaire,

ne fût-ce que pour augmenter dans le public le
sentiment des difficultés qu'elle avait à vaincre,
et par suite son prestige. De là, ces chiffres exor-
bitants, fantastiques, donnés par la plupart des
littérateurs policiers, depuis M. Lecour jusqu'à
M. Maxime Ducamp, comme ceux des femmes
qui à Paris se livreraient à la prostitution, et
devraient par conséquent être placées sous la
coupe du service des Mœurs.

Ces exagérations, loin de servir les intérêts de
ceux qui les commettaient, — ou les inspiraient
tout au moins — ont eu un effet tout contraire de
celui qu'ils attendaient. Jointes à des pratiques
détestables, qui révoltent les sentiments d'humanité de ceux-là même qui sont le moins enclins
à admettre comme un dogme la liberté absolue
de l'infection vénérienne, elles ont créé parmi
une notable partie de la population un courant
d'opinion absolument opposé à celui qu'on vou-
lait déterminer.

Elles ont eu également un autre effet. Ces
chiffres énormes, que rien ne justifie, ont servi
d'argument, comme nous le verrons plus tard,
pour combattre, souvent avec succès, ce qu'il
pouvait y avoir de rationnel et d'équitable, dans
l'application des mesures d'hygiène aux femmes
qui réellement font métier et profession de leurs
relations sexuelles.

Il faut en revenir actuellement à une plus

saine et plus froide appréciation de ce qui constitue la prostitution, sur laquelle on peut raison-
nablement espérer avoir une action préservatrice
utile.

II. — Définition de la prostituée.

La meilleure définition de la prostituée est
encore, à notre avis, celle du *Digeste : palam...
sine delectu... pecunia accepta* (1), ce qui peut
être exprimé par la formule suivante :

« Doit seulement être réputée prostituée, toute
femme, qui publiquement, se livre au premier
venu, moyennant une rémunération pécuniaire»,
formule à laquelle il convient d'ajouter « et n'a
d'autres moyens d'existence que les relations
passagères qu'elle entretient avec un plus ou
moins grand nombre d'individus. »

Cette définition, ou toute autre équivalente,
offre cet avantage de mettre en dehors de la
prostitution les femmes, trop nombreuses, auxquelles notre organisation sociale fait une nécessité de parfaire, grâce à des rapports plus ou
moins fructueux et durables, l'insuffisance du
salaire qui leur est attribué, en échange de leur
travail. Je ne parle même pas des femmes entretenues, ou de celles qui, par nécessité de tempé-

____

(1) *Digeste,* lib. XIII, t. II.

rament, désir de changement, ou simple fantaisie, se livrent à des écarts de conduite, que les sévères apôtres de la monogamie, si vantée et si peu pratiquée, réprouvent et condamnent, mais qui ne sauraient en aucun cas constituer des délits ou même de simples contraventions.

La police parisienne, moins hardie ou peut-être moins imbue de préjugés d'un autre âge que certaines administrations étrangères (1), n'a d'ailleurs jamais osé compter ces personnes parmi les prostituées.

Sans aucun doute, les femmes appartenant à ces catégories sont susceptibles de contracter et de transmettre les mêmes maladies que les prostituées de profession, mais dans des proportions bien moins considérables. Plus instruites, plus soigneuses d'elles-mêmes, ne subissant des contacts sexuels qu'à des intervalles moins rapprochés, elles ne sauraient être considérées comme offrant les mêmes dangers que ces dernières. Elles peuvent faire un choix parmi ceux qui les recherchent, et leur expérience les empêche le plus souvent de consentir des relations suspectes, que la nécessité professionnelle impose aux filles publi-

---

(1) Voir, à ce sujet, les documents statistiques recueillis par le Conseil communal de Bruxelles, et publiés à la suite du rapport de M. le bourgmestre Buls. On y trouve, recensées parmi les prostituées, des femmes entretenues, notamment à Aix-la-Chapelle. — *Revision du règlement contre la prostitution. Bruxelles, 1886.* p. 37.

ques. Si la maladie vient les atteindre, elles sont en mesure de se procurer les soins nécessaires et peuvent supporter le chômage que leur impose le traitement.

« Dès que le commerce sexuel perd les apparences d'un rapprochement purement matériel, a écrit M. le docteur Fiaux, les personnes en cause s'observent et ne se réunissent qu'après avoir par quelque soin, s'il y a lieu, tenté de protéger leur santé réciproque. C'est du moins ce qui se passe dans la majorité des cas (1) ».

Ce sont là des raisons suffisantes pour me confirmer dans l'opinion que je ne saurais me préoccuper de la prostitution, que lorsqu'elle devient une industrie et, comme tous les métiers insalubres, est alors susceptible de tomber sous l'application des lois et règlements que l'hygiène commande.

Le dénombrement des prostituées, ainsi définies, devient chose possible. Les renseignements statistiques du Dispensaire nous fournissent, en effet, le nombre à peu près exact des filles soumises que nous chercherons à parfaire, au moyen des calculs de probabilité auxquelles se sont livrés quelques auteurs autorisés.

Ces désignations de *« soumises »* et *« d'insou-*

---

(1) Fiaux. Rapport présenté au nom de la Commission spéciale de la police des mœurs. — Annexe à la séance du 16 août 1883.

mises » sont, d'ailleurs, purement conventionnelles, et répondent seulement au régime spécial sous lequel est placée la prostitution dans notre pays (1). Encore convient-il d'observer que les deux catégories sont très souvent nominales. En fait les prostituées passent fréquemment d'une de ces catégories dans l'autre — parfois dans le cours d'une même année — et il serait imprudent de leur attribuer un sens trop absolu. C'est ce que nous aurons souvent à retenir au cours de cette étude.

III. — Des Filles soumises.

La fille soumise — dans le sens que donne à ces mots la langue administrative — est la prostituée, qui volontairement ou obligatoirement enregistrée sur les contrôles du service des Mœurs, est contrainte à des visites sanitaires périodiques, et, en échange des obligations qui lui sont imposées, obtient une tolérance relative pour l'exercice de sa profession.

L'idée qui a présidé à cette organisation a été très nettement formulée par M. le docteur Fiaux :

« Connaître la femme, afin de la soumettre, à des intervalles plus ou moins rapprochés, à une visite médicale, de façon à la laisser libre de ses

(1) Voyez Reuss, *la Prostitution au point de vue de l'hygiène, en France et à l'étranger*. Paris, 1889, chap. i.

actes sexuels ou à les lui interdire selon son état de santé, voilà tout le système (1) ».

L'inscription est la base de ce régime, et du nombre plus ou moins grand des filles inscrites dépend évidemment la raison d'être de son fonctionnement.

Si l'on se place pour un instant dans l'ordre d'idées qui a inspiré ses inventeurs, il est clair que l'idéal serait d'imposer, à toutes les femmes qui font métier de prostitution, et l'inscription et les visites. Or, en fait, quelle est la quantité des filles de cette catégorie?

Si l'on se reporte aux renseignements fournis par la Préfecture de police, on s'aperçoit immédiatement que le nombre des filles soumises, loin de comprendre la majorité de celles qui, quotidiennement, demandent leurs moyens d'existence aux rapports passagers qu'elles ont avec ceux qu'elles rencontrent ou provoquent, n'en forme que la minorité. Voici, en effet, quel a été depuis dix-sept ans le chiffre des filles inscrites :

Années.	Filles inscrites.
1872	4.242
1873	4.603
1874	4.567
1875	4.545
1876	4.493

(1) Dr Fiaux. Rapport précité, p. 6.

Années.	Filles inscrites.
1877	4.297
1878	4.457
1879	3.991
1880	3.582
1881	3.160
1882	2.839
1883	2.816
1884	2.917
1885	3.911
1886	4.319
1887	4.681
1888	4.591

Ces chiffres sont ceux relevés au premier janvier de chaque année sur les régistres d'inscription de la Préfecture de police ; mais ils ne représentent pas, en réalité, le nombre des filles soumises en circulation. Ils doivent, en effet, être diminués de ceux des filles détenues à Saint-Lazare, soit pour cause de santé, soit à la suite de punitions administratives ou de condamnations prononcées par les tribunaux correctionnels. Il convient également d'en défalquer les disparues, et aussi les filles qui ont obtenu leur radiation des contrôles de la prostitution, pour différentes causes (changement de situation, mariage, etc.). Par contre, il faut y ajouter les nouvelles inscrites, et les filles rétablies à la suite des recherches du service des Mœurs.

Si l'on fait la part de ces changements, on trouve qu'il faut défalquer 20 %. En effet d'après les statistiques de la Préfecture de police, la moyenne mensuelle des filles en circulation remplissant les obligations sanitaires a été :

En 1875, de 3.744
En 1876, de 3.515
En 1877, de 3.485
En 1878, de 3.463
En 1879, de 2.957
En 1880, de 2.520
En 1881, de 2 295

En 1882, de 2.217
En 1883, de 2 235
En 1884, de 2.516
En 1885, de 3.135
En 1886. de 3.414
En 1887, de 3.521

Soit une diminution moyenne de 21 % sur le chiffre des inscriptions.

En opérant cette réduction, le chiffre moyen réel des filles soumises *actives* a été par année :

De 1872 à 1875........ .... 3.592
De 1876 à 1882........... .... 3.031
De 1883 à 1888...... .... 3.098

C'est ce nombre restreint de filles qui circulent dans les rues avec garantie de la Préfecture de police. Toutes les autres sont — temporairement au moins — des insoumises, qui n'accomplissent aucune des obligations sanitaires imposées aux premières, et n'ont qu'une constante pensée : se dérober le plus longtemps possible à la surveillance des mœurs.

Les filles soumises se divisent en deux classes : les filles de maison et les filles isolées.

Années.	Filles de maison.	Filles isolées.
1872	1.126	3.116
1873	1 143	3.460
1874	1.109	3.458
1875	1.452	3.393
1876	1.160	3.333
1877	1.170	3.127
1878	1.127	3.030
1879	1.343	2.648
1880	1.107	2.475
1881	1.057	2.103
1882	1.116	1.723
1883	1.030	1.786
1884	961	1.956
1885	913	2.998
1886	914	3.405
1887	926	3.755
1888	772	3.819

Ainsi que le démontre le tableau ci-dessus, le
nombre des filles de maison est en constante décroissance depuis 1872. Une seule année fait
exception ; mais, comme les chiffres donnés sont
ceux constatés au 1er janvier de chaque année,
l'augmentation considérable relevée pour 1879
ne tient qu'à une cause tout à fait fortuite :
l'Exposition universelle de 1878, qui, en atti-
rant à Paris une foule d'étrangers et de provinciaux, a amené une demande exceptionnelle dans les maisons de tolérance de notre ville.
Du reste, cette augmentation n'a pas survécu aux
circonstances qui l'avaient produite, et les filles

qui étaient venues grossir le personnel en maisons sont immédiatement retournées à une vie plus libre.

La diminution des filles isolées est également remarquable, mais elle paraît tenir à d'autres causes que celle des filles de maison. Tandis que, pour ces dernières, la seule raison paraît être la répulsion de plus en plus grande des Parisiens pour cette forme de prostitution, qui ne laisse pas la moindre illusion à l'esprit sur la nature du marché passé entre la matrone et le client, l'abaissement graduel du chiffre des isolées semble résulter d'une atténuation correspondante des mesures prises contre elles par la Préfecture de police. Une augmentation sensible s'est du reste produite depuis 1885.

La marche des inscriptions fournit également des indications utiles à retenir pour se rendre compte des mouvements de la prostitution parisienne.

Nombre des inscriptions de filles publiques (1872 à 1888 inclus).

Années.	Inscriptions.		Total
	Majeures.	Mineures.	
1872	732	280	1.012
1873	643	326	969
1874	687	326	1.013
1875	641	272	913

Années.	Inscriptions		Total.
	Majeures.	Mineures.	
1876	424	190	614
1877	398	155	553
1878	451	173	624
1879	259	13	272
1880	345	9	354
1881	390	137	527
1882	452	42	494
1883	483	130	613
1884	684	322	1.006
1885	890	409	1.299
1886	775	370	1.145
1887	592	276	868
1888	442	265	707

En rapprochant ce tableau de celui qui suit et où sont, année par année, relevés les chiffres des inscrites, que la Préfecture de police se voit obligée de considérer comme disparues, et par conséquent de rayer de ses contrôles, on aperçoit combien est grande la mobilité du personnel de la prostitution réglementée.

Nombre des filles inscrites disparues
(1872 à 1888 inclus).

Années.	Disparues.
1872	813
1873	1.429
1874	1.704
1875	1.644
1876	1.602
1877	1.557
1878	1.855

Années.	Disparues.
1879	1.751
1880	1.935
1881	1.875
1882	1 571
1883	1.640
1884	1.089
1885	2.112
1886	2.283
1887	2.564
1888	1.838

Ces chiffres, communiqués par la Préfecture de police, comprennent, il est vrai, en dehors des filles dont l'Administration a perdu définitivement la trace, ou qui ont dù être rayées des contrôles de la prostitution par suite de mariage, de condamnation, de retour au travail, de départ de Paris, un certain nombre d'autres qui, reprises après quelques mois dans les opérations faites sur la voie publique ou dans les garnis, sont à nouveau réinscrites. Il faut donc ne pas prendre comme absolus les chiffres des deux tableaux ci-dessus. Mais il n'en est pas moins constant que, chaque année, un chiffre notable de prostituées inscrites disparaît, et est remplacé par de nouvelles recrues.

M. Fiaux évalue la moyenne annuelle de ces disparitions à 600 ou 700 (1). Il est certainement au-dessous de la vérité.

(1) Fiaux. Rapport 1883, p. 60.

Des documents qui précèdent on peut conclure que la moyenne des filles soumises *actives*, qui constituent réellement le personnel de la prostitution réglementée, a oscillé depuis quatorze ans entre 2,500 et 3,500. A peu près fixe de 1872 à 1876, il a rapidement diminué de 1877 à 1883, et, au 1er janvier de cette dernière année, il représentait 60 0/0 seulement du chiffre de 1876. Depuis 1884, il a remonté rapidement et plus que doublé.

Ce personnel n'est d'ailleurs rien moins que fixe. Il change constamment, et si l'on compare le nombre des inscriptions nouvelles et surtout celui des disparitions au chiffre total des filles soumises, on est porté à croire qu'en trois ou quatre ans il est complètement renouvelé.

La prostitution qu'on peut appeler *officielle* est donc une profession essentiellement transitoire d'où s'échappent, dès qu'elles le peuvent, les malheureuses qui y sont vouées.

IV. — Des filles insoumises.

J'ai dit un peu plus haut que les désignations de filles soumises et insoumises étaient purement conventionnelles. Il me faut ajouter que la seconde est d'une élasticité telle, qu'il ne saurait être question d'établir un dénombrement quelconque des personnes qui rentrent dans cette catégorie, si l'on ne restreint tout d'abord à ses exactes proportions, ce que les auteurs qui ont trop complaisamment accepté les exagérations policières dont j'ai dit les motifs, ont appelé « la *prostitution clandestine* ».

Martineau, le savant clinicien de l'hôpital de Lourcine, qui a publié un ouvrage rempli de documents et d'aperçus intéressants sur cette question, n'a pas évité cet écueil, mais son esprit méthodique lui a fait établir entre les femmes, qu'à tort, suivant moi, il fait rentrer dans cette espèce commune, des divisions qui se rapprochent singulièrement de la réalité :

« Si, écrit-il, par la puissance de quelque démon familier, comme l'Asmodée du conteur, je pouvais arracher le voile qui nous cache les plaies de la vie parisienne et mettre mon lecteur en présence des divers types, des diverses couches de la prostitution clandestine, voici ce qu'il apercevrait :

« Tout d'abord la masse confuse des femmes publiques, roulant par les places, les rues, les carrefours, les gares, s'offrant au passant, le provoquant, l'obsédant ; il est à peine utile d'ajouter, acceptant tout ce qui se présente, l'argent à la main.

» Un peu au-dessus, le premier groupe des indépendantes, qui arrangent leur existence d'une certaine façon, travaillent à leurs heures et suivant un certain choix.

» Plus haut, sur l'échelle sociale, tout à fait à part, comme procédé d'action, mais moralement au-dessous du groupe précédent, mon lecteur trouverait enfin la femme appartenant à un certain monde, ayant une certaine situation, et qui demande à la prostitution clandestine des ressources qu'elle ne saurait trouver dans son milieu normal (1). »

La lecture de ce passage suffit pour montrer que, des trois catégories établies par le docteur Martineau, la première seule rentre dans la définition de la prostitution, adoptée par votre Commission sanitaire. Le moraliste peut justement s'inquiéter des moyens à opposer à la progression du nombre des femmes galantes qui constituent la deuxième et la troisième des classes déterminées par le médecin de Lourcine. Leur recherche échappe absolument à la compétence de l'administrateur.

Or, à quoi se réduit le nombre des femmes qui n'ont d'autre ressource que la provocation publique, qui font quotidiennement métier et profession de prostitution dans Paris ? M. Lecour et, d'après lui, Yves Guyot et Fiaux, qui ont eu le tort de s'en remettre à des affirmations dont la raison était pourtant bien facile à découvrir, l'évaluent à 30,000. Le service de la Sûreté dit

(1) Martineau. *Prostitution clandestine.* Paris , 1885 , p. 36-37.

aujourd'hui 50,000. Nous ne parlons pas de M. Maxime Ducamp, qui arrive à 120,000, à force de désir de servir les intérêts de la Préfecture de police, dont il s'est institué après 1871 l'historiographe.

A ces exagérations, nous nous contenterons d'opposer l'autorité de deux hommes, qu'on aurait quelque peine à faire passer pour des partisans de la liberté de la prostitution : M. Félix Carlier, ancien chef du service actif du Dispensaire à la Préfecture de police, et M. le Dr Jeannel, ancien membre du Conseil de santé des armées et ex-médecin en chef du dispensaire de salubrité de Bordeaux :

« Si l'on veut se rendre un compte aussi exact que possible de l'importance de la prostitution clandestine dans Paris et sa banlieue, écrivait M. Carlier, il faut réfléchir que le nombre des soumises, arrêtées par la police, ne représente que la minime partie des filles qui ne vivent que de débauche. Le petit nombre des agents spéciaux chargés du service des mœurs (ils sont 30 seulement sur la voie publique), l'immense étendue de Paris et de sa banlieue, les difficultés considérables inhérentes à chacune des opérations, les précautions sans nombre à prendre pour éviter, je ne dirai pas les erreurs, mais les moindres réclamations pouvant avoir même une apparence de fondement, les dangers que pré-

sentent pour les agents chacune de ces opérations, tout cela fait qu'il n'y a pas une prostituée
clandestine arrêtée sur cinq ou six qui mérite-
raient de l'être (1). »

Si l'on se reporte au tableau ci-dessous des
arrestations d'insoumises, de 1872 à 1888, arrestations qui se sont élevées en moyenne, chaque
année, à 2,797, on voit qu'en adoptant la méthode
de M. Carlier, le chiffre total des prostituées
insoumises circulant dans Paris varierait entre
13,985 et 16,782, ou en chiffre rond de 14 à 17,000.

Arrestations d'insoumises (1872-1888 inclus).

Années.	Nombre d'arrestations.
1872	3.769
1873	3.319
1874	3 338
1875	3.152
1876	2.349
1877	2.582
1878	2.599
1879	2.105
1880	3.544
1881	2.449
1882	2.723
1883	2.787
1884	2.816
1885	2.989
1886	2.707
1887	2.218
1888	1.932

(1) Félix Carlier. *Étude statistique sur la prostitution clan-*

Mais il convient tout d'abord de remarquer que les unités portées dans le tableau des arrestations indiquent simplement le nombre des filles amenées au Dépôt, mais qu'elles ne correspondent nullement à des personnes distinctes. Telle fille insoumise, plus imprudente ou plus audacieuse que ses congénères, y figure pour 5, 6, parfois 10 unités. Un grand nombre y sont comptées **2** et 3 fois (1).

En diminuant d'un tiers les chiffres de ce tableau, on reste certainement encore au-dessus de la vérité. Le nombre des filles insoumises se trouve ainsi réduit de 10 à 11,000. Il serait encore trop élevé, au dire du docteur Jeannel, dont la compétence en cette matière n'est guère discutable. « Je crois, écrit-il en parlant du résultat des calculs de M. Félix Carlier, ce chiffre encore fort exagéré (2). Notons que Carlier évaluait à 1,900 le nombre des arrestations de pros-

destine. (Annales d'hygiène publique, 1871, 2ᵉ série, t. XXXVI.)

(1) La Commission sanitaire municipale, voulant avoir une base de calcul plus précise, avait demandé à la Préfecture de police de lui indiquer combien de filles : 1° soumises ; 2° insoumises, ont été arrêtées, 1 fois — 2 fois — 3 fois, — 4 fois — plus de 4 fois dans la même année. Il lui a été répondu par cette Administration que « cette statistique ne se fait pas ». _Questionnaire adressé au préfet de police_ (_10° question_).

(2) J. Jeannel. _De la Prostitution dans les grandes villes au dix-neuvième siècle_. Paris, 1874, p. 191-194.

tituées clandestines par année, ce qui réduirait à
9,500 le total de ces filles à Paris (1).

D'ailleurs, il suffit d'un peu d'esprit d'observation et de mémoire pour constater que les filles

---

(1) Dans une très intéressante brochure : « *Prostitution et
Syphilis* », qui a paru alors que ce travail était en cours
d'impression, M. le Dr Butte, médecin-adjoint du Dispensaire, conclut dans le même sens que nous, quant à l'exa-
gération évidente du nombre des prétendues insoumises.

« Un des principaux arguments des adversaires de la réglementation de la prostitution, écrit-il, est qu'à Paris, où
l'on estime à 30,000 le nombre des prostituées non inscrites,
4,000 seulement étant soumises à la surveillance médicale,
les efforts faits le sont en pure perte, puisqu'on n'a d'action
que sur un chiffre tout à fait infime de femmes. Mais si l'on
peut admettre qu'il existe à Paris 30,000 femmes qui vivent
de la prostitution, c'est-à-dire qui se livrent pour de l'argent, quelle est la personne non prévenue qui pourra croire
que ces 30,000 femmes sont dans les mêmes conditions? Qui
croira que toutes elles se prostituent dans la même journée
à une dizaine d'individus peut-être? Car c'est là un des ca-
ractères des véritables prostituées inscrites et des insoumises de la Préfecture. Personne, évidemment; car alors il
faudrait admettre que chaque homme adulte de la capitale
s'adresse plusieurs fois par jour à l'une de ces femmes.
Les 4 à 5,000 femmes surveillées annuellement à Paris sont
les plus dangereuses, ce sont celles qui subissent un grand
nombre de contacts journaliers; parmi les 30,000 clandestines, en admettant ce nombre tout à fait hypothétique, il
en est un certain nombre qui vivent comme les inscrites
(insoumises); mais les autres, qui constituent la grande
majorité, les femmes du demi-monde, les femmes entretenues qui, assez souvent, n'ont qu'un amant à la fois, ne
peuvent être dangereuses que vis-à-vis d'un nombre très
restreint de personnes. » (Dr BUTTE. — *Syphilis et Prostitution*, 1890.)

qu'on rencontre par les places, les rues, les passages, ou dans les cafés, les bals publics, les restaurants de nuit, faisant ouvertement leur métier, sont à très peu d'exceptions près toujours les mêmes. Elles changent assez souvent de quartier et, si telle femme qui pratiquait aux Champs-Élysées ou sur les grands boulevards disparaît subitement, on ne tarde pas à la retrouver au quartier Latin ou à Montmartre.

Sans doute, la prostitution clandestine reçoit chaque année de nouvelles recrues. Mais leur arrivée est compensée par le départ d'un nombre à peu près égal de filles qui abandonnent ce métier, soit qu'elles aient trouvé un amant avec lequel elles vivent, soit qu'elles quittent Paris, pour retourner dans leur département d'origine. Mais en somme leur chiffre ne varie pas sensiblement et reste à peu de chose près le même.

Il est bien entendu que je ne parle pas ici des femmes que la privation prolongée de travail, le chômage persistant, l'abandon de l'homme à qui elles se sont données, jettent temporairement sur le pavé. Celles-là ne font que de courtes apparitions parmi le personnel de la prostitution, et s'empressent de s'en échapper, à bien peu d'exceptions près, aussitôt qu'elles trouvent des moyens d'existence moins précaires et moins dangereux.

Comment donc s'est établie dans le gros du public, et même chez bon nombre de médecins et d'hygiénistes, cette conviction que la prostitution clandestine a considérablement augmenté depuis une dizaine d'années? Comment cette croyance a-t-elle, à maintes reprises, trouvé des avocats au sein du Conseil municipal?

C'est parce qu'il s'est opéré, par suite des transformations de Paris, de la démolition des vieux quartiers où la prostitution était jadis cantonnée, des changements notables dans les habitudes des filles publiques. Autrefois elles attendaient le client dans les rues où elles se trouvaient en quelque sorte confinées.

Aujourd'hui elles se sont répandues un peu partout par la ville, et, au lieu de stationner sur le trottoir, elles circulent incessamment par les boulevards, les voies les plus fréquentées, et paraissent plus nombreuses parce qu'on les rencontre plus souvent sur son chemin.

La diminution des filles inscrites que j'ai signalée a eu, d'ailleurs, pour conséquence, de grossir le personnel de la prostitution dite clandestine d'un millier de femmes qui, tout en cherchant à se soustraire aux investigations de la police spéciale, n'en ont pas moins gardé les allures cyniques qui sont le propre des prostituées tolérées. Leur exemple a influé sur leurs camarades de trottoir. Il les a rendues plus audacieuses et provocantes, et partant plus aisées à remarquer.

Le bruit fait depuis quelque temps autour de cette question de la prostitution a, d'ailleurs, singulièrement contribué à ces exagérations. Des faits qui passaient auparavant inaperçus ont été l'objet de l'attention de la presse et du public. Et l'on en a conclu à l'accroissement d'un mal qui avait toujours existé, uniquement parce que pour la première fois on s'était mis à l'observer avec un soin jusqu'alors inusité, et qu'on en constatait la présence là où elle était restée jus-qu'alors ignorée.

CHAPITRE III

RÉGIME ADMINISTRATIF AUQUEL EST SOUMISE LA PROSTITUTION

I. — Règlement de la prostitution.

Le rapide coup d'œil que j'ai jeté sur l'état actuel de la prostitution à Paris doit avoir pour complément un résumé du régime administratif auquel est présentement soumis l'exercice de cette profession. Ce régime n'a pas varié, malgré les incessantes attaques auxquelles il a été en butte, et au sein du Conseil municipal, et avec une autorité singulière dans la discussion qui a eu lieu en 1888 à l'Académie de médecine, et au dehors, et tel il existait il y a cinquante ans, tel nous le retrouvons aujourd'hui, sauf d'insignifiantes modifications de détail.

Aussi bien ne m'appartient-il pas d'en faire une étude complète et minutieuse. Cette œuvre a, d'ailleurs, été accomplie de la façon la plus remarquable. Les beaux travaux de M. Sigismond Lacroix sur l'absence de base légale des mesures prises à l'égard des prostituées, de MM. Yves Guyot et Fiaux sur l'application du système, nous dispenseraient, à défaut d'autres raisons, de revenir sur un sujet connu (1).

Mais j'ai à rechercher quelle garantie peut offrir ce régime pour la santé publique, abstraction faite des critiques qu'il soulève à d'autres points de vue ; j'ai à étudier quelles relations peuvent exister entre l'application plus ou moins rigoureuse qui en est faite, et les mouvements d'augmentation ou de diminution des maladies vénériennes à Paris.

Il convient d'examiner successivement les conséquences qui résultent pour l'hygiène générale de Paris de l'*inscription*, volontaire ou non, des filles publiques à la Préfecture de police, des *visites sanitaires* qui leur sont imposées, et des *punitions* qui leur sont infligées administrativement. Cette étude doit être suivie d'un rapide examen des régimes similaires appliqués à la prostitution dans la plupart des villes d'Europe,

_____

(1) Voir : Yves Guyot. *La Prostitution*, Paris, 1882, Charpentier ; Dr Fiaux, *Rapport au nom de la Commission spéciale de la police des mœurs.*

et des résultats qui y ont été constatés au point de vue exclusivement sanitaire.

Ici je me trouve en face de deux théories diamétralement opposées. La première, qui est celle de la plupart des médecins et de la grande majorité des hygiénistes, à savoir que la réglementation rigoureuse de la prostitution est le seul obstacle qu'on puisse opposer à l'augmentation indéfinie des maladies vénériennes (1); la seconde, soutenue avec éclat par MM. Yves Guyot et Fiaux, qui tous deux concluent non seulement à l'inutilité, mais à la nocuité de tout régime d'exception imposé aux prostituées. Les faits que je vais passer en revue montreront ce qu'il convient de retenir de l'une ou de l'autre.

II. — De la réglementation au point de vue sanitaire.

La réglementation de la prostitution, telle qu'elle existe actuellement à Paris, est basée sur un double principe : connaître, au moyen de l'inscription qui leur est imposée, les femmes qui en font métier; les soumettre à des visites sanitaires périodiques, ayant pour conséquence, en cas de maladie, l'envoi dans une maison de détention, où elles reçoivent les soins qu'exige

(1) Voyez Reuss, *La Prostitution au point de vue de l'hygiène et de l'administration, en France et à l'étranger*. Paris, 1889.

leur état, et où elles sont retenues jusqu'à ce qu'elles puissent sans danger, au moins immédiat, être rendues à la circulation.

Toutes les autres mesures administratives prises contre les prostituées ne devaient avoir, dans la pensée des inventeurs de ce régime, d'autre but que d'en assurer l'application. Nous disons des inventeurs, car en fait, la Préfecture de police, à laquelle a été confié le soin d'établir les règlements qui concernent la prostitution, s'est singulièrement écartée de ce but, et a édicté toute une série de prescriptions qui visent, non point seulement cette nécessité sanitaire, mais des préoccupations d'ordres très différents.

C'est ainsi que si l'on se reporte au règlement, inscrit au verso de la carte remise aux filles publiques, on y trouve, à la suite de la mention de l'obligation de se présenter tous les quinze jours (1) au dispensaire de salubrité, une foule d'injonctions qui ont pour objet, non la santé publique, mais une certaine façon d'être, soit dans la rue, soit dans les maisons qu'elles habitent, injonctions dont l'utilité au point de vue moral et social échappe absolument à la compétence de votre Commission sanitaire, mais qu'il lui appartiendra d'examiner un peu plus tard, en

____

(1) Tous les huit jours pour les filles de maison.

se plaçant exclusivement sur le terrain qui lui est délimité.

PRÉFECTURE DE POLICE. *(Mod. 49.)*

1re DIVISION. — 2e BUREAU. — 3e SECTION.

OBLIGATIONS ET DÉFENSES IMPOSÉES AUX FEMMES PUBLIQUES.

Les filles publiques en carte sont tenues de se présenter, une fois au moins tous les quinze jours, au dispensaire de salubrité, pour être visitées.

Il leur est enjoint d'exhiber leur carte à toute réquisition des officiers et agents de police.

Il leur est défendu de provoquer à la débauche pendant le jour ; elles ne pourront entrer en circulation sur la voie publique, qu'une demi-heure après l'heure fixée pour le commencement de l'allumage des reverbères, et, en aucune saison, avant sept heures du soir, et y rester après onze heures.

Elles doivent avoir une mise simple et décente qui ne puisse attirer les regards, soit par la richesse ou les couleurs éclatantes des étoffes, soit par les modes exagérées.

La coiffure en cheveux leur est interdite.

Défense expresse leur est faite de parler à des hommes accompagnés de femmes ou d'enfants, et d'adresser à qui que ce soit des provocations à haute voix ou avec insistance.

Elles ne peuvent, à quelque heure et sous quelque prétexte que ce soit, se montrer à leurs fenêtres, qui doivent être tenues constamment fermées et garnies de rideaux.

Il leur est défendu de stationner sur la voie publique, d'y former des groupes, d'y circuler en réunion, d'aller et venir dans un espace trop resserré, et de se faire suivre ou accompagner par des hommes.

Les pourtours et abords des églises et temples, à distance de vingt mètres au moins, les passages couverts, les boulevards de la rue Montmartre à la Madeleine, les Champs-Elysées, les jardins et abords du Palais-Royal, des Tuileries, du Luxembourg, et le Jardin des Plantes leur sont interdits. L'esplanade des Invalides, les quais, les ponts, et généralement les rues et lieux déserts et obscurs leur sont également interdits.

Il leur est expressément défendu de fréquenter les établissements publics ou maisons particulières où l'on favoriserait clandestinement la prostitution, et les tables d'hôte, de prendre domicile dans les maisons où existent des pensionnats ou externats, et d'exercer en dehors du quartier qu'elles habitent.

Il leur est également défendu de partager leur logement avec un concubinaire ou avec une autre fille, ou de loger en garni sans autorisation. Dans le cas où elles obtiendraient cette autorisation, il leur est expressément interdit de se prostituer dans le garni.

Les filles publiques s'abstiendront, lorsqu'elles seront dans leur domicile, de tout ce qui pourrait donner lieu à des plaintes des voisins ou des passants.

Celles qui contreviendront aux dispositions qui précèdent, celles qui résisteront aux agents de l'autorité, celles qui donneront de fausses indications de demeure ou de noms, encourront des peines proportionnées à la gravité des cas.

AVIS IMPORTANT. — Les filles inscrites peuvent obtenir d'être rayées des contrôles de la prostitution, sur leur demande, et s'il est établi par une vérification, faite d'ailleurs avec discrétion et réserve, qu'elles ont cessé de se livrer à la débauche.

Pour le moment, l'unique objet de ces recherches doit être la relation qui existe entre l'application aux filles soumises des mesures d'hygiène préventive contenues dans le règlement du 15 octobre 1878, actuellement en vigueur, et le développement plus ou moins considérable des maladies vénériennes parmi la population parisienne.

FILLES DE MAISON ET FILLES SOUMISES. — Le premier point à examiner, c'est l'influence que ce régime exerce sur le personnel même qui y est régulièrement soumis : les filles de maison et les filles isolées.

Il ne suffit pas, pour obtenir un résultat exact, de mettre en regard l'un de l'autre, pour chacune de ces catégories, le chiffre des filles inscrites et celui des filles reconnues malades par les médecins du Dispensaire de salubrité. Si pour les filles de maison on a une certaine fixité parmi le personnel, et par suite des observations à peu près concluantes, il n'en est nullement de même en ce qui concerne les filles isolées. Nous avons vu plus haut combien les mutations sont fréquentes parmi cette catégorie, à quel chiffre considérable s'élevait chaque année le nombre des disparitions et quel contingent nouveau venait remplir ses cadres.

Le chiffre des inscrites portées dans les

tableaux qui vont suivre ne représente donc pas le chiffre des examinées. Pour s'en rapprocher, il conviendrait d'y ajouter le nombre des inscriptions nouvelles au cours de l'année. Mais, en même temps, il faudrait ajouter au nombre des cas d'affections vénériennes constaté, celui des filles soumises qui se sont soustraites aux visites justement parce qu'elles étaient malades et qu'elles craignaient d'être envoyées à l'infirmerie de Saint-Lazare. Or, ce chiffre nous est absolument inconnu.

L'incertitude n'est d'ailleurs pas moindre en ce qui touche le chiffre exact des malades. Les nombres donnés ne correspondent point, en effet, à des personnes distinctes, mais simplement aux envois en préservation sanitaire. Telle fille peut y figurer deux, trois et peut-être quatre fois au cours de la même.

Mais, tout en mentionnant ces causes d'erreurs, qui font que la statistique comparée à laquelle se livre chaque année la Préfecture de police n'est rien moins que précise, on remarque en même temps que, ces causes agissant dans une mesure à peu près semblable sur chacun de ses éléments, cette statistique n'en fournit pas moins une base suffisante de constatation des rapports des maladies vénériennes avec le régime spécial auquel sont soumises les deux catégories de filles inscrites.

Rapport des maladies vénériennes avec les filles inscrites.

Années.	Filles de maison.	Malades.	Nombre p. 100.	Filles isolées.	Malades.	Nombre p. 100.
1872........	1.126	490	43.52	3.116	328	10.52
1873........	1.143	647	56.61	3.460	460	13.29
1874........	1.109	659	59.43	3.458	433	12.52
1875........	1.152	687	59.63	3.393	384	11.31
1876........	1.160	557	48.01	3.333	328	9.84
1877........	1.170	517	44.18	3.127	294	9.40
1878........	1.127	499	44 27	3.030	224	7.39
1879........	1.343	606	45.12	2.648	370	13.97
1880........	1.107	542	48.96	2.475	438	17.69
1881........	1.057	451	42 66	2.103	307	14.59
1882........	1.116	413	37.00	1.723	323	18.74
1883........	1.030	298	28.93	1.786	381	21.89
1884........	961	241	25.07	1.956	373	19 06
1885........	913	281	30.81	2 998	516	17.21
1886........	914	236	25.71	3.405	443	13.01
1887........	926	236	25.48	3.755	465	12.31
1888........	772	196	25 38	3.819	361	9.45

Ce tableau confirme complètement ce qu'ont
constaté tous les auteurs qui se sont occupés de
la prostitution : la proportion bien plus considérable des malades parmi les filles de maison que
parmi les filles isolées. Il y a là un phénomène
dont on a maintes fois recherché et dit les causes.
Parent-Duchatelet qui l'a observé le premier (1),

(1) Parent-Duchatelet. *De la Prostitution dans la ville de
Paris*, 1836 ; 3ᵉ édition, 1857, Paris. tome I, p. 681.

M. Lacour, M. Félix Carlier, l'attribuent tous au même motif : la faculté pour les filles isolées de refuser certains contacts, le soin qu'elles prennent de leur personne, l'indépendance dont elles jouissent opposée à la négligence hygiénique des filles de maison, et surtout à l'obligation pour celles de ces malheureuses qui appartiennent à des maisons de bas étage de s'abandonner au premier venu, fût-il atteint des plus dégoûtantes maladies, sous peine de subir les mauvais traitements des tenanciers de ces maisons.

Le fait n'est d'ailleurs pas particulier à la ville de Paris. A Lyon (1), à Marseille, où M. le docteur Mireur a constaté que sur 100 cas de syphilis reconnus, soit chez les malades de sa clientèle particulière, soit à son dispensaire, 68 devaient être attribués aux relations avec des filles de maison (2), ils ont été également constatés.

A Bruxelles, mêmes constatations. Dans un rapport présenté par le docteur Yseux à la section de police, sur la révision du règlement sur la prostitution, nous trouvons le tableau suivant qui est absolument probant (3) :

(1) Observation de M. le Dʳ Diday (de Lyon), citée par M. le Dʳ Level dans la proposition présentée, en 1879, à la Commission spéciale de la police des mœurs.

(2) Dʳ Mireur. *La Prostitution à Marseille, histoire, administration et police sanitaire*. Marseille, 1882, p. 363.

(3) Ville de Bruxelles. — *Révision du règlement contre la prostitution*, 1886, p. 34.

Nombre de maladies vénériennes sur 1,000 prostituées inscrites.

Années.	Filles de maison.	Filles éparses.
1881	540	220
1882	340	230
1883	281	223
1884	180	151
1885	150	66
Moyenne	298.2	178

Le docteur Clerc, médecin en chef du dispensaire de salubrité de Paris, a essayé, il est vrai, d'expliquer ce phénomène par cette raison que les filles isolées sont visitées moins souvent (deux fois par mois au lieu de quatre), qu'elles éludent les règlements et qu'elles ne se présentent pas quand elles se croient malades (1). Mais ces motifs, qui méritent une sérieuse attention, ne sauraient justifier l'énorme différence des cas de maladies constatées entre l'une et l'autre catégorie de filles soumises.

D'ailleurs, l'obligation imposée à Bruxelles à toutes les filles, sans exception, de se soumettre à deux visites sanitaires par semaine, détruit la première partie de l'argumentation du docteur Clerc.

Il y a là évidemment un très fort argument

(1) *Compte rendu sur les opérations du Dispensaire pour 1878,* p. 5.

contre la théorie simpliste de presque tous les Préfets de police, depuis Anglès jusqu'à M. Camescasse, qui ont toujours considéré comme l'idéal de leur système de réglementation de renfermer sinon la totalité, du moins le plus grand nombre possible de filles publiques, dans les maisons de tolérance, et qui se sont imaginé de rendre ainsi le plus signalé service à la santé publique. Cependant, comme certains médecins et bon nombre d'hygiénistes professent encore cette théorie, il est juste d'exposer les raisons qu'ils invoquent.

Après avoir reconnu que de 1855 à 1869, le nombre des filles de maison de Paris reconnues malades, a été de 279 pour 1,000, tandis que celui des filles isolées a été seulement de 55 pour 1,000, M. le docteur J. Jeannel ajoute :

« Le raisonnement qui attribue la préservation des filles isolées à l'indépendance relative dont elles jouissent, et la statistique dont il est appuyé, tout cela est complètement erroné. »

« Le plus ou moins de fréquence de l'infection dans l'ensemble des filles inscrites ne résulte pas de ce qu'elles sont en maison, ou de ce qu'elles vivent isolées, mais bien de la qualité de leurs clients ou de ce qu'elles ont plus ou moins l'habitude de la propreté corporelle (1). »

(1) Dr J. Jeannel. *De la Prostitution dans les grandes villes*

Ceci, qu'il nous soit permis de le dire, est une pure naïveté. Si l'on comparait l'état sanitaire des filles de maisons de premier ordre, entourées de tout le luxe et de tout le confort d'une installation faite pour attirer les débauchés opulents, à celui des rouleuses de caboulots et de barrières, que la police a mises en carte, on trouverait de tout autres résultats. Mais c'est sur la généralité de l'une et de l'autre des deux catégories qu'il convient d'opérer, et tout l'avantage reste aux filles isolées.

Comme nous ne voulons taire aucun argument, nous reconnaissons volontiers que si l'on passe des villes de premier ordre, comme Paris, Lyon, Marseille, Bruxelles, aux villes de moindre importance, on peut trouver des résultats différents.

A Aix-la-Chapelle la moyenne des filles de maison malades a été, de 1882 à 1884, de 30 %, tandis que celle des éparses malades a été de 60 %.

A Amiens, de 1876 à 1881, la moyenne des filles de maison malades a été de 8 %, tandis que celle des filles isolées était de 50.3 %.

A Anvers, au contraire, pour la même période, on trouve 51,3 % de filles en maison malades, et 7,7 % de filles isolées.

au dix-neuvième siècle, et de l'extinction des maladies vénériennes, 2ᵉ édition. **Paris, 1874.**

A Bruges, on rencontre 22.8 °/₀ de malades chez les filles de maison, et 60 °/₀ chez les filles isolées.

A Charleroi, 10.7 °/₀ de malades chez les filles de maison, pas de malades parmi les éparses.

A Limoges, 42.3 °/₀ parmi les filles de maison ; 76.6 °/₀ parmi les isolées.

A Rotterdam, 35.5 °/₀ parmi les filles de maison, 10.1 °/₀ éparses.

A Rouen, 48 °/₀ parmi les filles de maison, 30.9 °/₀ parmi les éparses.

Les conditions particulières de la prostitution dans chacune de ces villes expliquent seules ces différences. Dans nombre de cités provinciales, les filles en maison sont les seules qui se tiennent à peu près convenablement. Les isolées sont des prostituées de la plus infime condition, qui ne fréquentent que les soldats ou les vagabonds, et qui, mourant presque de faim, accordant leurs faveurs pour « la boule de son » du troupier ou le verre d'alcool que leur paie un terrassier ou un charretier aviné, sont exposées à toutes les contagions.

Or, à Paris et à Bruxelles, la situation est absolument inverse. Sauf un très petit nombre de maisons bien tenues et fréquentées surtout par des étrangers ou des provinciaux, les autres sont toutes de dernier ordre.

Parmi les filles isolées, soumises aux visites,

se rencontrent au contraire un bon nombre de femmes relativement aisées, voire même des personnes rangées dans le personnel de la haute galanterie parisienne.

Il faut me borner, et je me crois en droit de conclure que l'internement dans les maisons de tolérance, loin de constituer une garantie au point de vue sanitaire, est au contraire une cause de développement très considérable des maladies vénériennes, chez les femmes qui y sont renfermées, et par suite parmi la population.

Une très curieuse statistique du docteur Schperk, médecin en chef de l'hôpital des vénériens de Saint-Pétersbourg (hôpital Kalikinski), démontre d'ailleurs combien est considérable le nombre des syphilitiques dans les maisons de tolérance de cette ville.

Il est de 52.3 pour 100 chez les pensionnaires de 15 à 20 ans, de 20.2 chez celles de 20 à 25, de 13.4 chez celles de 25 à 30, de 7.8 chez celles de 30 à 35 (1). On peut dire que toutes les filles de maison, à bien peu d'exceptions près, sont vouées à la syphilis.

La démonstration de l'innocuité de la suppression des maisons de tolérance, au point de vue sanitaire, vient d'ailleurs d'être surabondamment

_____

(1) Schperk. *Recherches sur la Syphilis dans la population de Saint-Pétersbourg*. (*Annales d'hygiène publique et de médecine légale*, janvier 1875, et tirage à part.) J.-B. Baillière.

faite en Allemagne, où, depuis 1876, toutes ces maisons ont été fermées, en suite d'une résolution du Conseil fédéral, déclarant leur maintien incompatible avec l'article 180 du Code pénal de l'Empire. (*Aide à la débauche.*)

Or, de l'avis de l'administration de la police de Hambourg, notoirement favorable à ces maisons, « la suppression des bordels n'a eu aucune influence sur la propagation de la syphilis ». Cela s'explique aisément, ajoute l'auteur de la note, par ce fait que le contrôle médical est resté le même qu'auparavant (1).

De Francfort-sur-le-Mein, même réponse : « La suppression de ces bordels n'a pas eu d'influence défavorable sur la moralité et la santé publiques, et n'a pas activé la propagation de la prostitution. »

Une statistique qui m'est parvenue ultérieurement prouve en effet que les cas de maladie vénérienne n'ont pas augmenté parmi les hommes de la garnison de Francfort, depuis la suppression des maisons de tolérance.

Mais le témoignage le plus probant est celui de M. Schlumberger, maire de Colmar, qui, dans une lettre adressée au *Bulletin continental* du 15 novembre 1882, s'exprime en ces termes :

« D'après les relevés officiels, la moyenne des

(1) Rapport du bourgmestre de Bruxelles, p. 14.

maladies vénériennes constatées parmi les militaires de la garnison de Colmar, pendant les trois annés qui ont précédé la suppression des maisons de tolérance, a été de 70 par année.

« Depuis la suppression, le chiffre des malades, pour une période de douze mois, est descendu à 42.

« Le chiffre des maladies vénériennes traitées à l'hôpital de Colmar a diminué d'un tiers environ, depuis la suppression (1). »

Je bornerai là mes citations, celle-ci me semblant répondre à toutes les objections des quelques partisans attardés du système des maisons de tolérance.

FILLES ISOLÉES. — Il importe maintenant d'établir la relation des cas de maladies vénériennes constatés chez les filles isolées, qui sont soumises

______

(1) Il est vrai que plus haut, dans la même lettre, M. Schlumberger remarque :

« La police de notre ville a reçu des instructions sévères pour la surveillance de la prostitution clandestine; conformément à la jurisprudence des tribunaux allemands, toute personne qui *sciemment* donne asile à une fille qui fait métier de prostitution, doit être condamnée comme ayant facilité la débauche. (Art. 180 du Code pénal allemand.)

» La loi met donc entre les mains de l'autorité la possibilité de frapper le proxénétisme sous toutes ses formes.

» Les tribunaux de Colmar ont prêté un appui précieux à l'administration municipale, en appliquant la loi avec fermeté. »

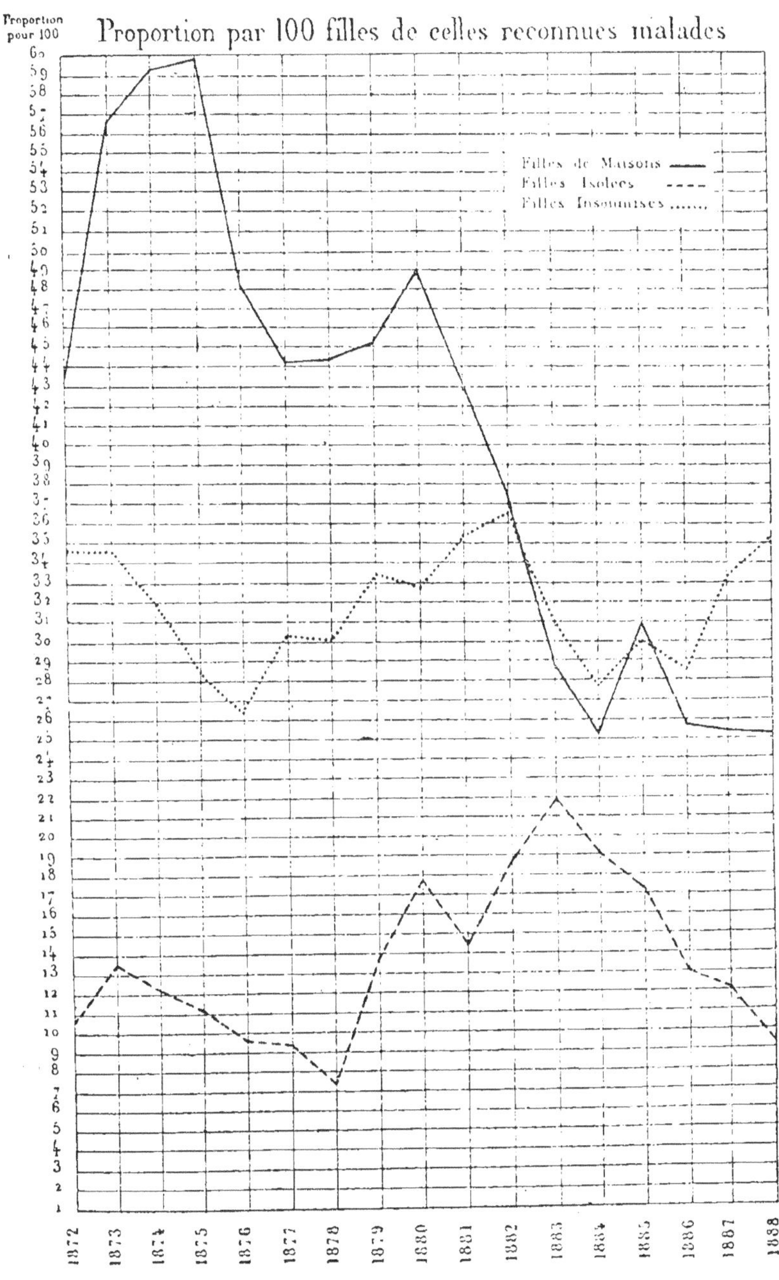
Proportion pour 100
Proportion par 100 filles de celles reconnues malades
Filles de Maisons ———
Filles Isolées - - - -
Filles Insoumises ......
60
59
58
57
56
55
54
53
52
51
50
49
48
47
46
45
44
43
42
41
40
39
38
37
36
35
34
33
32
31
30
29
28
27
26
25
24
23
22
21
20
19
18
17
16
15
14
13
12
11
10
9
8
7
6
5
4
3
2
1
1872
1873
1874
1875
1876
1877
1878
1879
1880
1881
1882
1883
1884
1885
1886
1887
1888

plus ou moins régulièrement à des visites sanitaires, avec le nombre des cas relevés chez les filles insoumises, c'est-à-dire celles qui circulent sans contrôle par les rues, les places, les lieux publics, faisant le même métier que les premières.

Si je consulte les renseignements qui me sont fournis par la Préfecture de police, je constate immédiatement une proportion bien plus considérable des affections vénériennes parmi les secondes que parmi les premières. (Voy. le graphique page 81.) Pendant la période de 1872 à 1888, je trouve, en effet, que tandis que le nombre des filles isolées reconnues malades a été de 13,64 pour 100, le nombre des insoumises visitées, et dont l'état de maladie a paru suffisant pour motiver l'envoi à l'infirmerie de Saint-Lazare, a été de 31,80 pour 100 ; c'est-à-dire que le nombre des vénériennes insoumises est, à celui des vénériennes soumises à des visites sanitaires périodiques, comme 2.33 est à 1. (Voy. le tableau p. 83.)

Ici je me heurte à deux sortes de critiques.

Les unes émanent des médecins du Dispensaire, et des avocats officieux de la Préfecture de police, qui voudraient qu'on calculât les cas de maladies, non pas en proportion du nombre des filles inscrites, mais en proportion de celui des visites sanitaires subies par ces filles.

Rapport des maladies vénériennes avec les filles isolées et les filles insoumises.

Années.	Filles isolées.	Malades.	Nombre p. 100.	Insoumises visitées.	Malades.	Nombre p. 100.
1872.	3.116	328	10.52	3.769	1 302	34.54
1873.	3.460	460	13.29	3.319	1 147	34.55
1874.	3.458	433	12.52	3.358	1.061	31.78
1875.	3 393	384	11.31	3.152	901	28.58
1876.	3.333	328	9.84	2.349	624	26.56
1877.	3.127	294	9 40	2.582	711	30 26
1878.	3 030	224	7.39	2 599	784	30.16
1879.	2.648	370	13 97	2.103	702	33.34
1880.	2.475	438	17.69	3.544	1 170	33 01
1881.	2.103	307	14 59	2.419	854	35 30
1882.	1.723	323	18.74	2 725	996	36 54
1883.	1 786	381	21 89	2 787	866	31.07
1884.	1.956	373	19.06	2.816	783	27.80
1885.	2.998	516	17.21	2 989	904	30.24
1886.	3.405	443	13 01	2.707	773	28 55
1887.	3.755	465	12.31	2.218	735	33.13
1888.	3 819	361	9.45	1.932	680	35.19

Les secondes proviennent des écrivains qui se sont institués les soutiens des théories de non-intervention en matière de prostitution. Ceux-là entendent qu'on compare le nombre des insoumises reconnues malades, non pas à celui des insoumises visitées, mais à un nombre hypothétique donné comme le chiffre total des femmes de cette catégorie, en circulation à Paris. C'est le cas de M. Yves Guyot, et après lui M. le docteur Fiaux, qui fixent arbitrairement, d'après l'autorité plus que contestable de M. Lecour, le nombre des insoumises à 30,000, et ont établi leur rapport sur ce chiffre considéré comme une moyenne constante.

Examinons tour à tour ces deux ordres d'objections.

Visites sanitaires. — Pour établir une relation entre deux nombres, il faut nécessairement qu'ils représentent des quantités de même espèce.

Or, si comme le veulent, et le docteur Clerc, médecin du Dispensaire de Paris, et le docteur Yseux, rapporteur du projet de réglementation de la prostitution à Bruxelles, on compare les visites faites aux filles inscrites et celles faites aux filles insoumises arrêtées, on contrevient absolument à cette règle.

Dans le premier cas, en effet, le nombre cité correspond à celui des prostituées soumises, multiplié par le chiffre des examens qu'elles ont subis de la part des médecins du Dispensaire. C'est-à-dire que si, par exemple, le nombre des filles inscrites est de 100, et le nombre des visites de 2 par mois, on aura pour résultat 2,400.

Dans le second, celui des filles insoumises, le nombre des visites et celui des personnes se confondent. Si le chiffre des arrestations est de 100, celui des visites sera également de 100.

D'une part, on a donc une quantité arbitrairement variable, suivant la plus ou moins grande fréquence des opérations du Dispensaire. De l'autre, une quantité fixe.

Pour obtenir des termes comparables, il faudrait donc, si on prenait pour base le nombre des visites sanitaires faites dans l'année aux filles soumises, le diviser par 24, 52 ou 104, suivant que le règlement prescrit une visite par quinzaine, comme pour les filles isolées de Paris, une visite par semaine, comme pour les filles de maison de la même ville, ou deux visites par semaine, comme à Bruxelles.

Ce qui revient à peu de chose près à la méthode, infiniment plus simple et plus logique, que j'ai adoptée, et qui consiste à comparer l'un avec l'autre, non le chiffre des examens, mais le chiffre des femmes examinées de l'une et l'autre catégorie.

Cette remarque, M. Yves Guyot l'a faite devant nous, lorsqu'il a été appelé à contrôler les résultats du rapport de 1879 du docteur Clerc :

« Il y aurait, écrit-il, un moyen bien plus simple de réduire la proportion des malades parmi les filles inscrites : ce serait de doubler le nombre des visites; on peut continuer ainsi, de sorte qu'on arrivera à un chiffre homéopathique, contre lequel protesteront cependant les salles pleines de Saint-Lazare (1). »

Mais, M. Yves Guyot, après avoir critiqué avec autant de bon sens une méthode qui ne se soutient pas, a commis exactement la même faute lorsqu'il s'est agi d'établir la proportion des malades parmi les filles insoumises.

En effet, au lieu de conclure comme nous, que du moment que sur le nombre de femmes de cette catégorie, examinées au Dispensaire, on trouvait une proportion déterminée de malades, cette proportion était, suivant toutes les probabilités, celle des vénériennes parmi la totalité des filles, qui, sans contrôle d'aucune sorte, sans garanties sanitaires, se livraient à l'exercice de la prostitution clandestine, M. Yves Guyot a justement fait ce qu'il reprochait au docteur Clerc. Il a exagéré arbitrairement un des termes de la proportion pour diminuer l'autre.

Le docteur Fiaux, qui a repris les études de M. Yves Guyot, a procédé de même et voici son explication :

« Il est bien évident, dit-il, que quand on veut savoir si les insoumises sont plus ou moins dangereuses que les inscrites, il faut prendre le

____

(1) Yves Guyot. *La Prostitution*. Paris, 1882, p. 377.

chiffre total de chacune de ces deux classes, et rapprocher de l'un et de l'autre le chiffre des maladies constatées chez les insoumises et chez les inscrites, ou, ce qui revient au même, le chiffre des malades contaminées par celles-ci et par celles-là ».

Or c'est ce que MM. Lacour et Mauriac ont omis de faire; ils établissent leur proportionnalité d'après *le chiffre des insoumises arrêtées* sans rappeler un seul instant, leur chiffre réel, ce chiffre que M. Lecour a lui-même fixé approximativement à 30,000 (1). »

Nombre des filles insoumises reconnues malades. — Ce à quoi paraissent n'avoir songé, ni M. Yves Guyot, ni M. Fiaux, c'est que tandis que la totalité — ou à peu de chose près — des filles inscrites est soumise à des examens sanitaires dont le Dispensaire fournit les résultats, une partie seulement des filles insoumises subit des visites, et que c'est en fonction de ce nombre partiel qu'on doit calculer le rapport cherché. S'il en était autrement, si l'on opérait comme ils l'ont fait, il faudrait admettre, avant toute chose, que la totalité des vénériennes se trouvaient parmi les arrêtées, et que dans le reste des insoumises, qui ont échappé

(1) Fiaux. *Rapport présenté au nom de la Commission spéciale de la police des mœurs*, p. 67.

aux recherches de la police, pas une seule n'était malade. Cette remarque suffit à juger la valeur du procédé (1).

Ce qui a sans doute été cause de l'erreur de MM. Yves Guyot et Fiaux, c'est la méthode, non moins inexacte, qu'ont employée MM. Mauriac et Diday, pour établir la proportion bien plus grande des chances de contagion, chez les filles insoumises, que chez les filles soumises. D'après leurs observations cliniques, ces deux médecins ont établi des tableaux, où ils déclarent que tant d'individus ont contracté la maladie qui les amenait à l'hôpital avec des filles insoumises. Et ils en concluent à une énorme différence à la charge de ces dernières.

Or, et en admettant, ce qui est difficile, que les malades interrogés par MM. Mauriac et Diday aient connu l'origine exacte de leur mal, il resterait encore à avoir le chiffre exact des insoumises à Paris et à Lyon. J'ai établi plus haut que cela était tout à fait impossible. MM. Guyot et Fiaux, qui prennent au sérieux les renseignements de Lecour, n'ont pas été gênés pour si peu. Ils ont carrément admis le chiffre de 30,000.

(1) Il y a même de fortes raisons de croire que parmi les filles dites insoumises qui parviennent à se soustraire à toute recherche, se rencontre le plus grand nombre des filles soumises disparues pour cause de santé, ce qui augmenterait encore la proportion des vénériennes de cette catégorie.

S'ils avaient été un peu plus loin, et qu'ils aient accepté celui de 120,000 donné par M. Maxime du Camp, ils auraient obtenu un résultat encore bien plus favorable à leur thèse, et trouvé que les vénériennes insoumises étaient en nombre infinitésimal. L'art de grouper les chiffres, lorsqu'il n'a pas pour règle la raison, aboutit à de pareilles conséquences.

Les observations faites dans les grandes villes confirment du reste absolument celles du dispensaire de Paris. A Lyon le docteur Garin et le docteur Chiava, à Marseille le docteur Mireur, à Bordeaux le docteur J. Jeannel, ont tous constaté la proportion plus considérable des cas de maladies parmi les insoumises que parmi les filles inscrites. A Bruxelles, le rapport du bourgmestre annexé au budget de 1885 donne la proportion de 15 malades sur 45 prostituées clandestines examinées, soit 30 pour 100.

En Angleterre même, où la visite obligatoire a été abolie dans les districts protégés, à la suite de l'adoption d'un ordre du jour présenté aux Communes le 20 avril 1885 par M. Stansfield, les résultats sanitaires de la réglementation de la prostitution n'ont pas été niés complètement par les abolitionnistes les plus ardents. L'enquête qui a précédé ce débat a duré trois ans, et tandis que la majorité de la Commission approuvait sans réserve les « *Contagious Diseases*

Acts (1) », et en demandait le maintien, la minorité dont M. Stansfield était le rapporteur se voyait forcée d'enregistrer comme acquis des faits qui confirment absolument ceux observés à Paris et dans les villes que nous venons de citer.

C'est ainsi que le rapport de la minorité avoue « qu'une réduction d'affections primaires non constitutionnelles a été effectuée dans les stations soumises aux actes, mais que cette diminution, *bien que supérieure à la diminution actuelle dans l'ensemble des stations non protégées*, n'a pas excédé la moyenne de réduction dans ces mêmes stations, avant l'application desdits actes » (2).

Et M. Stansfield d'ajouter qu'en 1867, année qui a suivi l'application du premier des *Acts*, la proportion des admissions dans les hôpitaux, pour les affections primaires, a été de 91 pour 1,000 hommes dans les districts protégés.

En 1877, ce chiffre de 91 se réduit à 35.

Dans les districts non protégés, la proportion, qui était de 101 pour 1,000 hommes en 1867, a été en 1877 de 68.

D'après la déposition de sir William Muir, chef du département médical de l'armée, le gain

---

(1) Un extrait aussi complet que possible des *Acts for the better prevention of contagious Diseases*, a été publié par le Dr T. Barthélemy dans son livre : *Syphilis et santé publique*. Paris, 1890.

(2) *Bulletin continental*, 15 mai 1883, p. 59.

obtenu sur les pertes de service dans l'armée dues aux maladies vénériennes a été, de 1870 à 1878, de 5,38 pour 1,000 dans les districts protégés.

Pour les affections secondaires, et selon les témoignages reçus par la Commission d'enquête, la proportion des admissions à l'hôpital, qui était de 27,66 par 1,000 hommes en 1866, est tombée à 26,61 en 1878. L'ancien chirurgien-major Lawson, « homme d'une habileté consommée », dit M. Stansfield, témoigne que pendant les six premières années d'application des actes (1867-1872) la proportion des cas d'admission à l'hôpital pour affections constitutionnelles a été de 24,6 par 1,000 hommes. Dans les six années suivantes (1873 à 1878) la proportion tombait à 22,6.

Or, dans les stations libres, la proportion, qui était de 29,2 pendant la première période, montait pendant la seconde à 30,2 pour 1,000.

Il y a là de quoi donner à réfléchir, surtout si l'on remarque que la constatation de ces faits émane du *leader* de « la Fédération continentale pour l'abolition de la prostitution réglementée » et du plus ardent adversaire de toutes garanties légales contre la contagion vénerienne.

Ces faits concordent, du reste, avec ceux cités par le docteur J. Jeannel, relativement à l'état sanitaire de l'armée anglaise :

« Les garnisons anglaises, où les prostituées

ne sont point soumises aux visites sanitaires, écrit-il, ont continuellement à l'hôpital, pour cause de syphilis, 9,16 pour 1,000 hommes.

« Les garnisons anglaises où les prostituées sont soumises aux visites sanitaires ont continuellement à l'hôpital, pour cause de syphilis, 4,49 pour 1,000 hommes (1).

A Buda-Pesth, où la réglementation de la prostitution a été instituée tout récemment, la visite obligatoire a eu également pour conséquence une immédiate réduction dans le nombre des maladies vénériennes. C'est ainsi que le chiffre des maladies constatées, qui était de 4,010 en 1885, est tombé à 3,421 en 1886 (2).

Mais je viens de recevoir un document encore plus important et dont la signification me semble assez éloquente pour faire taire tous les arguments des abolitionnistes. J'ai dit que, par un vote du Parlement anglais, la visite obligatoire a été supprimée dans les quatorze stations protégées.

L'effet de l'abrogation des *Contagious Diseases acts* n'a pas tardé à se manifester. La statistique établie par le *War Office*, et qui est datée du 2 juin 1889, prouve que la syphilis secondaire,

(1) Dr J. Jeannel. *Nouvelles études sur la prostitution.* (*Annales d'hygiène publique*, 1875, t. XLIII, p. 329.)

(2) Voir aux pièces annexes le rapport sur le *Régime de la prostitution à Budapesth*.

loin de diminuer depuis le mois de mai 1885, où les visites des femmes ont été suspendues, a au contraire presque doublé parmi les soldats des garnisons des anciennes villes protégées.

La proportion totale des soldats syphilitiques dans les 14 stations était de 27 pour mille en 1881 : en 1888 elle s'est élevée à 42. De 1881 à 1885 les chiffres ont été 27, 22, 25, 25 et 26 : en 1886, la proportion monte à 32 pour 1000 ; elle est à 45 en 1887 et à 42 en 1888.

Si l'on examine le chiffre proportionnel des syphilitiques dans chaque station séparément, on voit qu'à Devonport et à Plymouth il s'élève à 21 en 1884, à 39 en 1885, 51 en 1886, 49 en 1887 et 41 en 1888.

A Portsmouth on a : en 1884, 20 ; en 1885, 15 ; en 1886, 42 ; en 1887, 72 ; en 1888, 59.

A Chatham, Sheerness et Gravesend, la proportion s'élève de 22 en 1884 à 41 en 1888.

A Woolwich on trouve : en 1884, 22 pour 1000 ; en 1885, 28 ; en 1886, 39 ; en 1887, 49 et en 1888, 31.

A Aldershot, les proportions respectives sont de 1884 à 1888 : 34, 23, 30, 47 et 52.

A Shorncliffe, la proportion s'est élevée de 18 en 1884 à 70 en 1885, puis les années suivantes elle a été de 38, 37 et 30.

A Colchester, on a noté 29 pour 1000 en 1884 et 48 en 1888.

A Canterbury, 20 en 1884 et 66 en 1888.

A Maidstone, 39 en 1884 et 67 en 1887.

A l'exception de Winchester, il y a une augmentation dans toutes les stations, bien qu'elle soit moins marquée dans le Corck et à Currah que dans les districts anglais (1).

J'ai tenu à mettre sous les yeux du lecteur le plus de documents possible, en les choisissant impartialement, aussi bien chez les adversaires de la réglementation que chez ses partisans.

Il me reste à chercher s'il n'y aurait pas une relation entre les mouvements d'augmentation et de diminution des maladies vénériennes à Paris, que j'ai relevés pour la période de 1872 à 1888, et les changements qui se sont opérés pendant le même laps de temps dans le nombre des filles inscrites, c'est-à-dire de celles qui sont astreintes à des visites sanitaires à peu près régulières.

J'ai précédemment remarqué que les oscillations constatées dans le nombre des consultants à l'hôpital du Midi représentaient, à peu de chose près, la moyenne de celles observées dans les trois hôpitaux spéciaux.

Dans le tableau ci-dessous, je me suis donc contenté d'inscrire en face l'un de l'autre, pour chaque année, le chiffre des consultants à cet

(1) *The Lancet* du 20 juillet 1889, — citée par le Dr Butte. *Prostitution et Syphilis*, p 5-6.

hôpital et celui des filles inscrites au 1er janvier :

Chiffre des consultations à l'hôpital du Midi et des filles inscrites.

ANNÉES.	Chiffre des consultations à l'hôpital du Midi.	DIFFÉRENCES		Chiffre des filles inscrites au 1er janvier.	DIFFÉRENCES	
		en plus.	en moins.		en plus.	en moins.
1872......	23.392	»	»	4.242	»	»
1873......	20.429	»	2.963	4.603	361	»
1874......	18.419	»	2.010	4.567	»	36
1875......	16.416	»	2.013	4.545	»	22
1876......	17.088	682	»	4.493	»	52
1877......	19.538	2.460	»	4 297	»	196
1878......	21.389	1.851	»	4.157	»	140
1879......	29.709	8.320	»	3.991	»	166
1880......	36.663	6 954	»	3.582	»	409
1881......	37.867	1.204	»	3.160	»	422
1882......	37.921	54	»	2.839	»	321
1883......	33.978	»	3.943	2.816	»	23
1884......	34.547	569	»	2.917	101	»
1885......	26.038	»	8.509	3.911	994	»
1886.....	26.027	»	11	4.319	408	»
1887......	23.122	»	2.905	4.681	362	»
1888......	23.622	500	»	4.591	»	90

Le premier fait qui ressort de la lecture de ce tableau, c'est qu'à chaque série d'augmentation ou de diminution dans le nombre des consultations, à l'hôpital du Midi, c'est-à-dire à chaque période d'aggravation ou d'atténuation dans le nombre des maladies vénériennes à Paris, correspond un mouvement inverse dans le chiffre des filles inscrites.

Aussi pour la première période (décroissante), de 1872 à 1875, nous voyons que le nombre des consultants a diminué de 6,986, soit de 29,86 %, tandis que celui des filles inscrites a augmenté de 303, soit 7,14 %.

Dans la deuxième période (croissante), de 1876 à 1882, les consultations augmentent de 21,515, soit de 131,14 %, et le nombre des filles inscrites diminue de 1,706, soit de 37,54 %.

Dans la troisième période (décroissante) de 1883 à 1887, les consultations diminuent de 14,299, soit de 37,70 %, et le nombre des filles inscrites augmente de 1,752, soit 61,71 %. Ces mouvements sont du reste plus saisissants encore par le graphique qui résume le tableau précédent.

Cette coïncidence du mouvement d'augmenta tion des maladies vénériennes avec la diminution du nombre des filles astreintes aux visites sanitaires et au traitement obligatoire, a été mise en lumière il y a huit ans, dans ses leçons de l'hôpital du Midi, par M. le docteur Charles Mauriac. Je n'ai fait que compléter et qu'étendre ces rapprochements, mais, en opérant sur une série plus considérable d'années que lui, il m'a été donné de joindre deux périodes de décroissance à celle croissante qu'il avait observée, et de rencontrer la confirmation du fait qu'il avait remarqué, à

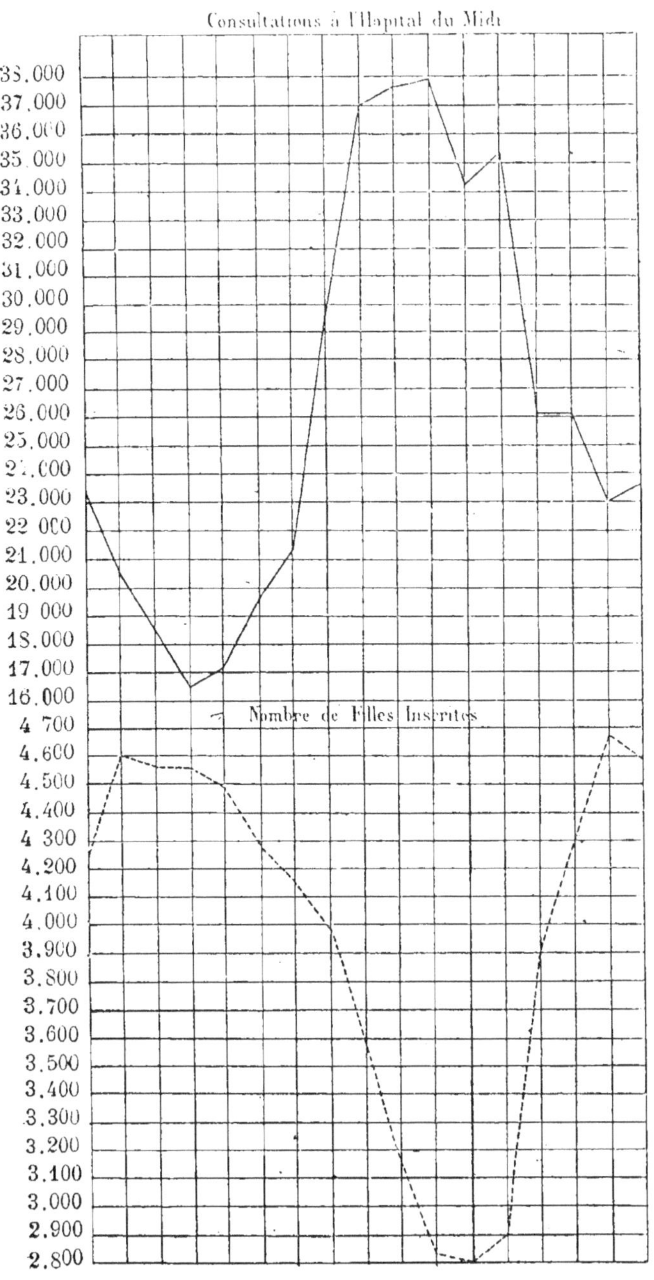

RICHARD. — La Prostitution. 7

savoir la corrélation intime qui existe entre les oscillations dans la fréquence de ces maladies, et les modifications dans le nombre des prostituées inscrites (1). Il est à peine utile d'ajouter que les mêmes augmentations et les mêmes diminutions se sont produites, et dans le nombre des filles soumises et dans celui des visites sanitaires. Le tableau suivant le prouve.

Visites sanitaires.

Années.	Nombre des visites.
1875	117.021
1876	113.115
1877	112.008
1878	108.862
1879	97.935
1880	88.430
1881	79.618
1882	78.529
1883	79.633
1884	82.432
1885	96.174
1886	102.898
1887	103.917
1888	102.188

Sans doute l'augmentation ou la diminution dans le nombre des consultations à l'Hôpital du Midi correspond à un mouvement inverse dans

(1) Ch. Mauriac. *Leçons sur les maladies vénériennes.* Paris, 1883.

le chiffre des filles inscrites,mais ce n'est pas là l'unique cause de ces mouvements, et M. Charles Mauriac a été le premier à le reconnaître :

Dans cette période quinquennale (1876-1881), écrit-il, les causes de l'augmentation des maladies vénériennes et du chancre simple ont été :

« *a*, L'augmentation de la population parisienne ; *b*, l'affluence des ouvriers nécessitée par les travaux de l'Exposition universelle et autres grandes constructions dans tous les quartiers de la ville ; — *c*, l'invasion de la Ville par les visiteurs de l'Exposition universelle de 1878 (1) ; — *d*, la diminution de la prostitution inscrite et l'augmentation toujours progressive de la prostitution clandestine ; — *e*, les modifications survenues dans la surveillance et l'assainissement de la prostitution parisienne (2). »

(1) La statistique suivante des femmes trouvées malades après l'Exposition de 1867, confirme les observations de M. le Dr Charles Mauriac.

Années.	INSCRITES Malades pour 1,000 visites.	INSOUMISES Malades pour 1,000 visites.
1866	7.2	247
1867	12.7	276
1868	16.2	313
1869	16.6	423

(2) Charles Mauriac. *Leçons sur les maladies vénériennes : Syphilis primitive et syphilis secondaire*, Paris, 1883, p. 213.

M. le docteur Commenge, médecin en chef adjoint du Dispensaire, qui a étudié pour une période de dix années la proportion des malades parmi les filles inscrites et les filles insoumises, arrive à des constatations identiques. Malgré que nous fassions les plus formelles réserves sur la méthode de calcul qu'il a employée, il n'en résulte pas moins de ses observations que le chiffre des vénériennes parmi la seconde de ces catégories est considérablement plus élevé que parmi la première.

Les trois premières causes ont évidemment influé sur l'augmentation des maladies vénériennes, spécialement sur celle du chancre simple, réimporté à Paris par les ouvriers venus de province et surtout de l'étranger. Mais elles ne sauraient suffire à expliquer la proportion énorme dans laquelle elles se sont accrues. Il ne paraît pas contestable que la diminution de la prostitution inscrite, c'est-à-dire des femmes soumises à des visites sanitaires périodiques, et astreintes à un traitement obligatoire, n'ait été pour une part considérable dans ce fâcheux développement de ces affections contagieuses.

C'est du reste l'avis de tous les médecins bien placés pour étudier cette question. J'ai cité l'opinion de M. le docteur Charles Mauriac. Martineau est du même avis : « La contagion des maladies vénériennes par les filles insoumises, dit-il, est cinq fois et demie plus considérable que parmi les filles soumises. La contagion chancreuse est quatre fois plus fréquente avec les prostituées libres qu'avec les prostituées inscrites. L'infection syphilitique est six fois et demie plus fréquente avec les premières qu'avec les secondes » (1).

Je ne veux pas multiplier par trop ces citations. La simple logique indique d'ailleurs que si, grâce aux visites sanitaires, on arrive à retirer de la circulation, pendant la période la plus dangereuse des maladies dont elles sont atteintes, environ 1,500 prostituées chaque année, la santé publique ne peut qu'en recevoir un salutaire effet, M. Fiaux, lui-même, s'est vu forcé de le reconnaître :

« Il est bien évident, dit-il dans son rapport, que si par une mesure coercitive quelconque, internement à l'hôpital ou emprisonnement, l'on empêche une femme atteinte de syphilis d'avoir des rapprochements sexuels, on soustrait les hommes qu'elle aurait reçus à une contagion à peu près certaine (2). »

Je n'ajouterai rien à cette citation qui me paraît absolument topique, étant surtout donnés les sentiments bien connus de son auteur.

Pour me résumer, je constate :

(1) Martineau. *Prostitution clandestine*, p. 150.
(2) Dr Fiaux. Rapport de 1883, p. 55.

1° Que le nombre des maladies vénériennes constatées à Paris chez les filles isolées, soumises aux visites sanitaires, est à celui des mêmes maladies reconnues chez les filles insoumises comme 1 est à 2,33 ;

2° Que le nombre des cas de maladies vénériennes constatées chez les filles de maison est supérieur à celui des mêmes affections reconnues chez les filles insoumises ;

3° Que le nombre de maladies vénériennes à Paris varie en proportion inverse du nombre des filles soumises aux prescriptions sanitaires.

Il me faut maintenant examiner si la réglementation en vigueur à Paris, en ce qui concerne la prostitution, s'est véritablement inspirée des intérêts hygiéniques, qui sont sa seule raison d'être, ou si, au contraire, dans nombre de cas, elle ne va pas à l'encontre.

Toute prescription qui aurait pour résultat d'éloigner du Dispensaire de salubrité les femmes qui font métier de prostitution, et de les empêcher d'accepter volontairement le traitement plus ou moins prolongé qu'exige leur état, est mauvaise, et doit être énergiquement condamnée. C'est sur ce terrain que je me placerai pour examiner le fonctionnement du système actuel.

DEUXIÈME PARTIE

EXAMEN DU RÈGLEMENT DE LA PROSTITUTION A PARIS

I. — Influence des pénalités administratives.

La réglementation actuellement en vigueur à
Paris a pour base, comme chacun le sait, l'inscription à la Préfecture de police des femmes qui
font métier de prostitution.

Cette inscription est, ou volontaire, ou faite
d'office.

Voici du reste comment s'exprime au sujet de
cette mesure une « *note administrative sur les
mesures dont les filles publiques sont l'objet à
Paris* », note qui porte la date de 1864, et qui résume — ou est au moins censée résumer — la pratique de la Préfecture de police en cette matière :

« Toute femme qui se livre notoirement à la prostitution publique est réputée fille publique et enre-

gistrée comme telle, soit sur sa demande, soit d'office.

« La mesure de l'enregistrement consiste dans l'inscription, sur un registre particulier destiné à cet usage, des nom et prénoms de la fille publique, de son pays, de sa demeure et de sa profession antérieure. Avant l'enregistrement, il lui est donné connaissance des règlements concernant les filles publiques.

« L'enregistrement est presque toujours volontaire : on n'y procède d'office qu'à l'égard du petit nombre des femmes qui, livrées manifestement à la débauche, déjà arrêtées plusieurs fois pour fait de prostitution, ou atteintes de maladies contagieuses, refusent de se soumettre à des mesures auxquelles il est du devoir de l'autorité de les assujettir dans l'intérêt de l'ordre et de la santé publique. »

Si l'on s'en rapporte à la règle fixée par cette note, l'inscription, « presque toujours volontaire », ne pourrait être opérée d'office que dans des cas précisément déterminés, et lorsqu'il s'agit de femmes notoirement convaincues de s'être livrées à des actes réitérés de prostitution, ou reconnues atteintes de maladies contagieuses.

Or il est à peine nécessaire de rappeler que les choses sont loin de se passer dans la pratique comme le prétend la note ci-dessus, au moins en ce qui concerne l'inscription d'office. Il est malheureusement trop exact que des abus considérables se sont produits à maintes reprises en cette matière. Nous n'en voulons d'autre preuve que la nécessité où s'est trouvé M. Albert Gigot, en

1879, au moment où l'opinion a commencé à se préocccuper de cette délicate question, de modifier d'une façon sensible le règlement de 1843, au moins en ce qui touche les inscriptions d'office :

« Lorsqu'il s'agira de procéder à l'inscription d'une fille insoumise majeure, qui refuse de se soumettre aux obligations sanitaires et administratives, ou d'une fille insoumise mineure, au lieu de se borner, comme on l'a fait jusqu'ici, à un exposé écrit des faits, la décision sera réservée à une commission composée du préfet ou de son délégué, du chef de la 1re division et du commissaire interrogateur. Cette commission entendra la femme arrêtée et les agents (1). »

La Commission sanitaire municipale n'a pas eu à s'occuper, comme je l'ai déjà dit, de la question de savoir si les lois existantes permettent, ou non, d'inscrire d'office, c'est-à-dire, en somme, d'imposer à une femme, par mesure purement administrative, toute une série d'obligations, non seulement sanitaires mais même d'ordre tout différent, uniquement parce qu'elle est convaincue d'un fait que rien n'autorise à qualifier de délit. La question a été examinée par le Conseil municipal, il s'est prononcé pour l'illégalité de cette mesure. Je n'hésiterai pas à dire que sur ce point la démonstration me semble absolue (2).

(1) Addition au règlement de 1878.
(2) La Préfecture de police s'est d'ailleurs chargée de

D'ailleurs, quels peuvent être, au point de vue de l'hygiène publique, les résultats de cet acte d'arbitraire ? Le simple bon sens suffit pour prévoir qu'à un très petit nombre d'exceptions près, les filles ainsi inscrites d'office n'ont qu'une unique préoccupation : se soustraire à la surveillance qui leur est imposée et échapper aux sévérités administratives sous la menace desquelles elles sont placées. C'est dans cette catégorie que se rencontrent chaque année le plus grand nombre des disparues, dont nous avons précédemment cité le chiffre énorme.

Un auteur non suspect, M. le docteur Yseulx,

fournir la preuve de l'autorité qu'il convient d'ajouter à l'affirmation de l'auteur de la « note » ci-dessus citée. Dans un document communiqué par cette administration à M. Coffignon, auteur d'un ouvrage très intéressant : *la Corruption à Paris*, nous rencontrons les chiffres suivants qui nous paraissent absolument significatifs :

Inscriptions annuelles.

Années.	FILLES s'étant présentées à l'inscription.	Arrêtées.	Totaux.
1880	107	247	354
1881	87	440	527
1882	76	418	494
1883	98	517	615
1884	75	931	1.006
1885	91	1.208	1.299
1886	90	1.055	1 145
1887	100	768	868

conseiller municipal de Bruxelles, dont j'ai déjà eu l'occasion de mentionner l'opinion autorisée, s'est prononcé, très catégoriquement sur ce sujet :

« L'inscription d'office, écrit-il, pourrait être aussi supprimée (1). » Il est vrai qu'il propose comme correctif de détenir dans des asiles de mendicité les filles convaincues de s'être à plusieurs reprises livrées à la prostitution clandestine, mais son sentiment n'en est pas moins utile à recueillir.

Reste donc l'inscription volontaire. D'après Parent-Duchatelet, pendant l'espace de 16 ans, de 1816 à 1832, il y aurait eu à Paris, sur 1,000 inscriptions, 57,3 inscriptions d'office seulement (2). Le docteur Jeannel relève à Bordeaux, de 1853 à 1861, 174 inscriptions d'office sur 1,000 (3). Le chiffre des inscriptions volontaires varierait donc pour ces deux villes entre 94,26 et 82,6 pour cent.

Ici la question de liberté se trouve singulièrement simplifiée. Si, pour jouir des immunités relatives accordées aux prostituées qui acceptent de se soumettre aux prescriptions sanitaires que

(1) Docteur Yseulx. Rapport présenté à la section de police, Bruxelles, p. 35.

(2) Parent Duchatelet. *La Prostitution dans la ville de Paris*. 3ᵉ édition, t. I, p. 363.

(3) Jeannel. *La Prostitution dans les grandes villes au dix-neuvième siècle.*

commande l'hygiène publique, une femme majeure sollicite spontanément son inscription sur les registres de la prostitution publique, nous cherchons en vain en vertu de quel droit on le lui interdirait. Il y a là, en effet, comme une sorte de contrat entre elle et la puissance publique, qui reste maîtresse de fixer les conditions auxquelles elle est admise à exercer son métier, conditions analogues à celles auxquelles sont soumises les industries insalubres en général.

C'est du reste ce qu'admettait parfaitement M. le docteur Georges Martin, qui exprimait au sein de la Commission spéciale de la police des mœurs cette opinion que « le traitement d'office pouvait être imposé aux prostituées, qui demanderaient leur inscription d'office sur les registres de la police, afin de pouvoir exercer impunément leur commerce » (1).

Ainsi comprise, l'inscription perd ce caractère d'arbitraire qui l'a justement fait réprouver par tant d'excellents esprits. Elle ne devient qu'une simple mesure d'enregistrement, justifiée par la nécessité de connaître les femmes qui, exerçant habituellement la profession de prostituées, doivent être astreintes à des visites sanitaires périodiques, et envoyées à l'hôpital pour y subir un traitement approprié à leur état, lorsqu'elles

(1) Procès-verbaux de la Commission spéciale de la police des mœurs. Séance du 25 janvier 1883.

deviennent dangereuses pour la santé publique.

Ces obligations étant les seules que les règles de l'hygiène permettent de leur imposer, il convient de considérer non seulement comme inutiles, mais comme funestes, au point de vue spécial qui nous occupe, toutes mesures qui peuvent les amener à se soustraire au contrôle qu'elles ont volontairement accepté.

Or, si je me reporte au texte des « *obligations et défenses imposées aux femmes publiques* », texte qui figure au verso de la carte qui leur est donnée, je trouve toute une série de prescriptions que rien ne justifie, sinon la manie de tout réglementer. Parmi ces prescriptions, les unes sont simplement puériles, ce sont celles qui ont trait à leur toilette plus ou moins voyante ou à leur coiffure. Que dire de l'obligation pour les filles soumises de tenir leurs fenêtres « constamment fermées et garnies de rideaux », même quand elles sont seules dans leurs chambres ? Comment apprécier le dommage porté à l'ordre public par celles qui auront laissé flotter un rideau en dehors de leur fenêtre, ou placé le soir une lampe trop près de leurs carreaux ?

L'obligation de ne sortir qu'à de certaines heures déterminées de la soirée — une demi-heure après l'heure fixée pour le commencement de l'allumage des reverbères, et, en aucune saison, avant sept heures et après onze heures du soir, — la défense de circuler à moins de vingt mètres des églises et des temples, sur les boulevards de la Madeleine à la rue Montmartre, dans les jardins publics, les Champs-Elysées, sur les quais, les ponts, etc., — ont pu être dictées par des considérations d'ordre particulier qu'il ne m'appartient pas d'examiner, mais je constate, avec tous les Parisiens, que ces prescriptions sont devenues dans la pratique lettre morte, au moins pour la plupart. Néanmoins, comme elles subsistent, elles permettent aux agents de s'en servir, lorsqu'il leur convient de faire du zèle, ou pour toutes autres raisons. En vertu de ce règlement, la Préfecture de police peut arrêter, détenir et frapper de peines qui peuvent aller jusqu'à un mois d'emprisonnement à Saint-Lazare, des femmes qui n'ont commis d'autre délit que de contrevenir à ces gothiques injonctions.

L'énormité du chiffre des filles inscrites envoyées à Saint-Lazare comme détenues en punition, comparé à celui des filles envoyées à l'infirmerie comme malades, ressort du reste clairement du tableau suivant :

Années.	Détenues en punition.	Malades.
1875	7.065	1.071
1876	6.765	985
1877	7.095	813
1878	8.495	723

Années.	Détenues. en punition.	Malades.
1879	4.665	976
1880	5.665	980
1881	2.560	758
1882	2.353	736
1883	2.639	679
1884	3.931	614
1885	7.996	796
1886	12.136	679
1887	12 370	701
1888	10 355	557

Ainsi qu'on le voit, et à l'exception des années
1881, 1882 et 1883, où le nombre des envois en
punition a été trois ou quatre fois plus considérable que celui des envois à l'infirmerie, les filles
soumises frappées pour les motifs qui viennent
d'être indiqués sont six, sept, huit fois et jusqu'à
dix (1885), onze (1878) et, pendant ces trois dernières années, dix-sept et dix-huit fois plus nombreuses que celles détenues pour raisons
sanitaires. Tout le système est dans ce rapprochement, et il ne paraît pas prêt de se modifier.
Bien au contraire.

Ajoutons que si l'on compare les chiffres de la
2e colonne du tableau qui précède au nombre des
filles inscrites pendant les mêmes années, on remarque que les détentions pour motifs administratifs s'élèvent souvent au double et parfois au
triple de ce nombre, et le dépassent presque constamment. Or, parmi ces filles, une bonne moitié

n'est jamais punie. C'est donc deux, trois et quatre arrestations suivies d'emprisonnement et quelquefois davantage que ces malheureuses ont à subir chaque année du fait même du régime existant.

Comment s'étonner, dans de pareilles conditions, qu'un grand nombre d'entre elles cherchent, souvent avec succès, tous les moyens de se soustraire à une semblable situation? Or, en disparaissant, elles cessent d'accomplir leurs obligations sanitaires.

Voilà, au résumé, le plus clair effet du règlement dont la Préfecture de police demande le maintien.

La nocuité, au point de vue de l'hygiène publique, des pénalités excessives en matière de prostitution n'est du reste plus à démontrer, pas plus à Paris qu'ailleurs. Nous en citerons seulement l'exemple suivant, parce qu'il nous paraît tout à fait topique :

« Le professeur Seitz a montré au Congrès médical international de Paris, en 1867, que depuis que les maisons de tolérance avaient été fermées à Munich, et les prostituées pourchassées et très sévèrement punies, la syphilis avait augmenté chez les hommes fréquentant les hôpitaux dans la proportion suivante :

« Pendant les années 1859 et 1860, il y avait 633 et 667 entrées de syphilitiques à l'hôpital; depuis 1861, date du nouveau règlement de la prostitution, ces chiffres sont montés à 1,003, 1,116, 1,076, 1,024, 1,456 (presque triplés) (1). »

Nous avons du reste un aveu encore plus important à recueillir, parce qu'il émane de M. le Préfet de police lui-même.

La Commission sanitaire municipale ayant cru devoir poser à ce magistrat la question de savoir « si certaines punitions infligées aux filles inscrites pour des causes dont la gravité est discutable, ne sont pas pour beaucoup dans le chiffre des disparues et dans celui des abstenantes aux visites », en a reçu la réponse suivante :

« La visite sanitaire est une gêne pour les filles publiques, en ce sens qu'elles craignent toujours d'être retenues pour l'infirmerie. Aussi beaucoup d'entre elles s'y soustraient et disparaissent. *Il est certain que si l'Administration ne punissait que les manquements aux visites*, LES FILLES SERAIENT TOUTES EXACTES.

« Mais la Préfecture de police, *si elle a à protéger la santé publique*, doit également s'occuper du bon ordre et de la décence dans les rues et dans les maisons. Elle est obligée, par suite, pour donner satisfaction aux plaintes de la population, dont un bon nombre lui parviennent par l'intermédiaire des conseillers municipaux, de débar-

(1) Dr Vibert. *Rapport à la Société de médecine publique sur la prostitution dans ses rapports avec la police médicale.* (*Revue d'hygiène*, 1883, p. 929.)

rasser les points encombrés, et de punir les filles qui, malgré les défenses, s'obstinent à y retourner (1). »

Il ressort de cette réponse que, de l'aveu même de M. Gragnon : « si l'Administration ne punissait que les manquements aux visites sanitaires, les filles seraient toutes exactes », et que les punitions infligées au nom de « l'ordre et de la décence publique » et la menace de « l'envoi à l'infirmerie de Saint-Lazare » sont les raisons maîtresses du grand nombre des disparues et des abstenantes.

C'est là une constatation qu'il faut retenir, parce qu'elle est de nature à singulièrement faciliter la tâche que nous nous sommes imposée.

II. — Organisation du dispensaire.

L'organisation du Dispensaire de salubrité est assez connue pour qu'il soit inutile d'entrer ici dans le détail de son fonctionnement (2). Il nous suffira de rappeler qu'il est actuellement une annexe et une dépendance de la Préfecture de police, et se trouve placé sous l'autorité du chef du 2ᵉ bureau de la 1ʳᵉ division.

---

(1) *Questionnaire adressé à M. le Préfet de police* (17ᵉ question).

(2) Voy. Reuss, *la Prostitution au point de vue de l'hygiène et de l'administration en France et à l'étranger*. Paris, 1889.

Le nombre des médecins attachés au Dispensaire avait été fixé par l'arrêté du 1er décembre 1873 à vingt, savoir : un médecin en chef, un médecin en chef adjoint, quatorze médecins titulaires et quatre médecins adjoints. Ce nombre a été depuis porté à vingt-quatre, par suite de l'augmentation du nombre des médecins adjoints, qui a été porté à neuf. Les médecins titulaires seuls sont rétribués. Les médecins adjoints ne le sont pas, mais collaborent au service avec les titulaires.

Les visites ont lieu au Dispensaire les jours non fériés de onze heures et demie du matin à quatre heures du soir ; elles sont faites en trois séances de une heure et demie, à chacune desquelles assistent deux médecins ; l'un procède à l'examen tandis que l'autre établit la liste de femmes visitées et inscrit le résultat de la visite.

L'examen se fait de la façon suivante :

« La femme entre dans le cabinet de visite et reste seule avec le médecin ; celui-ci procède à l'examen de la face, de la bouche et de la gorge, puis il fait monter la femme sur le fauteuil-lit, inspecte les parties génitales externes, l'anus, le périnée, la peau des cuisses et du ventre ; quand cet examen est resté négatif, il introduit le spéculum et procède à l'examen du col de l'utérus et des parois du vagin.

« Pour un médecin exercé, et *avec des femmes habituées à ces manœuvres*, un examen complet se fait en fort peu de temps et peut être terminé en une minute environ. Souvent le médecin dispose à peine de ce court espace de temps; en effet, le nombre moyen des visites est de 216 par jour, soit 46 par heure, mais les filles étant libres de choisir dans la quinzaine le jour où elles se présentent, la moyenne indiquée subit de larges oscillations, et il *est des jours où le médecin dispose de moins d'une minute pour chaque examen, et procède avec une rapidité excessive.*

« Les femmes que le médecin désigne comme malades et comme devant être séquestrées, sont envoyées directement du Dispensaire à l'infirmerie de la prison de Saint-Lazare. Ces femmes sont, outre celles qui présentent des accidents syphilitiques contagieux (chancres indurés, plaques muqueuses, etc.), celles qui sont atteintes de chancres mous, d'ulcérations du col, de blennorrhagie et, d'une façon générale, de suppuration des organes génitaux.

« On y joint les femmes atteintes de condylômes de l'anus ou des parties génitales, le docteur Clerc regardant ces accidents comme presque toujours liés à des affections vénériennes plus ou moins apparentes. Enfin, les galeuses sont aussi comprises dans la catégorie des femmes à séquestrer (1). »

(1) Dr Vibert. *Nouveau Dictionnaire de médecine et de chirurgie pratiques,* t. XXXIV, p. 915-916.

Cette description des opérations du Dispensaire, due à un des plus chauds partisans du système actuel de réglementation de la prostitution, constitue à mon avis la plus forte des critiques, sinon contre cette institution en elle-même, au moins contre son mode présent de fonctionnement. Elle est du reste absolument conforme à la vérité, et plutôt atténuée.

Le docteur Clerc, qui pendant de longues années a été à la tête de ce service, a encore été plus explicite dans sa déposition devant la Commission spéciale de la police des mœurs :

« Il arrive des moments où les médecins du Dispensaire sont débordés et ne peuvent suffire à examiner attentivement toutes les femmes qui, certains jours, atteignent le chiffre de 400. Il se produit même dans ce cas un fait curieux : c'est que plus on visite de femmes, moins on trouve proportionnellement de malades, parce que certaines particularités échappent toujours à un examen rapide » (1).

Il est juste d'ajouter que le docteur Clerc a constaté en même temps que cette situation s'était notablement améliorée depuis que, sur sa proposition, l'Administration s'est décidée à faire fonctionner simultanément deux médecins aux jours d'encombrement, c'est-à-dire à la fin

(1) Procès-verbaux de la Commission spéciale de la police des mœurs, séance du 24 février 1879, p. 54.

des quinzaines et des mois, en établissant deux
meubles d'examen au spéculum, et en laissant
venir les filles sans aucune fixation de jour.

L'augmentation du nombre des médecins a
également eu de bons résultats, mais il n'en ressort pas moins des renseignements particuliers
que j'ai pu recueillir, que l'encombrement si
fâcheux au point de vue de l'examen des malades, ne se produise encore à certains jours,
et ne rende en partie illusoire la visite imposée
aux prostituées.

Aussi l'institution du Dispensaire a-t-elle été
l'objet de critiques très vives, et parfois injustes,
comme lorsqu'on n'a pas craint d'englober les
honorables praticiens chargés de ce service dans
les accusations passionnées portées contre le
personnel même du bureau des Mœurs. Mais,
en dehors de ces exagérations, il est certain qu'il
y a dans cette organisation des vices et des la-
cunes, qui font qu'elle est loin d'offrir les garanties pour l'hygiène publique qu'on est en droit
d'en attendre.

Tout d'abord son vice initial c'est d'être, suivant une énergique et juste expression « l'anti-
chambre de Saint-Lazare ». La promiscuité de
ce service avec la Préfecture de police lui sup-
prime une bonne partie de son influence utile au
point de vue sanitaire. Le Dispensaire est par
lui-même un épouvantail pour les malheureuses

qui, exposées chaque jour à la contagion vénérienne, tremblent d'être considérées non comme
malades, mais comme des criminelles soumises
à toutes les rigueurs du régime pénitentiaire.

Mais en dehors de cette question, que j'aurai
ultérieurement à examiner avec les développements qu'elle comporte, il est d'autres critiques
adressées justement au Dispensaire de Paris.

NOMBRE INSUFFISANT DES VISITES. — Tandis que
les filles de maison sont visitées tous les huit jours,
à domicile, par les médecins du Dispensaire, les
filles isolées ne sont soumises qu'à une visite par
quinzaine. Or, de l'aveu de tous les praticiens
autorisés, ce chiffre est absolument dérisoire.

« Pour que l'examen des femmes soit réellement efficace, écrit le docteur Martineau, et
rende les services qu'on en attend, au point de
vue de la prophylaxie des maladies vénériennes,
les visites doivent être fréquentes ; il faut qu'elles
soient en rapport avec l'incubation des affections
venériennes, telles que la blennorrhagie, le
chancre non infectant, non syphilitique, dont la
durée varie de 24 à 48 heures, et rarement dépasse
4 à 5 jours. L'examen médical de la prostituée
patentée devra donc se faire tous les quatre jours,
et dans les cas suspects tous les deux jours » (1).

(1) Martineau, *Prostitution clandestine*. Paris, 1885, p. 186.

M. le professeur Alfred Fournier, dans le projet de règlementation sanitaire qu'il a présenté en 1879 au Conseil municipal de Paris, demande que toute fille inscrite soit soumise à *une visite médicale hebdomadaire à jour fixe* (1).

Dans une proposition, soumise à l'examen de la Commission sanitaire municipale, M. le docteur Armand Després s'exprime ainsi : « Les filles inscrites ou en maison seront obligées de se rendre trois fois par semaine dans un hôpital voisin, aux jours et heures de consultation, et devront demander un certificat ou ordonnance de santé à chaque consultation. »

Chiffre des visites auxquelles sont astreintes les prostituées dans la plupart des villes d'Europe où la prostitution est réglementée :

Villes.	Nombre de visites.
Altona	2 par semaine.
Amiens	1 —
Anvers	1 tous les jours.
Arlon	1 par semaine.
Berlin	1 —
Besançon	1 —
Bordeaux	1 —
Brest	1 —
Charleroi	1 —
Cologne	1 —
Dantzig	1 —

(1) *Documents relatifs à la police des mœurs*, Annexe n° 3.

Villes.	Nombre de visites.	
Dresde	1 par semaine.	
Francfort-sur-le-Mein	1re classe : 2 par mois. 2e classe : 1 par semaine.	
Gand	2 par semaine.	
Genève	1 tous les 5 jours.	
Gênes	2 par semaine.	
Groningue	2	—
Hambourg	2	—
Hanovre	4	—
La Haye	2	—
Leipzig	1	—
Madrid	2	—
Le Mans	2	—
Liège	2	—
Lille	2	—
Lyon	1	—
Marseille	1	—
Milan	2	—
Namur	2	—
Nantes	2 par mois.	
Posen	2 par semaine.	
Prague	2	—
Rennes	2	—
Rome	2	—
Toulouse	1	—
Vienne	2	—

Comme on le voit la visite sanitaire a lieu une fois par semaine dans quatorze villes, et deux fois par semaine dans quinze villes.

Il n'y a qu'à Nantes et à Francfort-sur-le-Mein, — et encore dans cette dernière ville pour les prostituées de première classe seulement, — que la visite ait lieu tous les quinze jours comme à Paris.

Il semble bien difficile d'opposer des arguments sérieux aux raisons si fortes qui militent en faveur des visites fréquentes. Les seuls motifs invoqués par les défenseurs du mode actuel sont les difficultés qu'on rencontrerait à obliger les filles soumises à se transporter plus fréquemment à la Préfecture de police. Il est certain que si le Dispensaire devait rester ce qu'il est, il y aurait là un obstacle. Mais si, au lieu d'être un office de police, il redevenait un simple instrument sanitaire, la multiplicité des visites qui semble irréalisable aujourd'hui deviendrait chose facile, alors que ses clientes acquerraient la conviction « qu'il y a pour elles une sécurité, une protection de leur métier, et surtout que la prison n'en sera pas la conséquence (1). »

C'est là, en effet, que gît le principal motif de la résistance ou de la répugnance des filles publiques à se rendre aux convocations du Dispensaire de salubrité, et cette difficulté ne sera levée que du jour où ces femmes seront considérées et traitées, non comme des coupables soumises à l'arbitraire policier, mais commes des malades auxquelles sont dus les secours que réclame leur état. C'est l'opinion de l'éminent spécialiste dont nous aurons encore maintes fois à citer au cours de ce rapport la haute autorité (2). C'est celle de

(1) Martineau, *loc. cit.*, p. 187.
(2) Dr Alfred Fournier. *Projet de réglementation sanitaire·*

tous les hommes de bonne foi et de bon sens.

Aussi bien convient-il de ne pas embarrasser cette question si simple et si précise de considérations dictées par une sentimentalité, peut-être très louable au point de vue de la morale dite religieuse, mais à coup sûr très dangereuse à celui de l'hygiène publique, ainsi que l'ont fait certains écrivains qui se sont occupés de cette question, et principalement les membres de la *Fédération continentale.* Ainsi que le fait observer M. Sabatier, « la pudeur des filles publiques est exposée chaque jour à des inquisitions beaucoup plus pénibles et bien moins justifiables ; leur corps appartient aux regards et aux caprices obscènes de tous, et l'inspection du médecin ne saurait être regardée comme un outrage, qui rend impossible le relèvement » (1).

L'insuffisance de fréquence des visites sanitaires est un des plus graves reproches qu'on puisse faire au règlement actuel de la prostitution à Paris. De ce côté encore l'organisation du Dispensaire ne répond que très mal aux besoins de la santé publique.

J'ai un peu plus haut signalé la presque impossibilité pour les médecins attachés à ce ser-

— *Documents relatifs à la police des mœurs,* Annexe nº 3.

(1) Rapport présenté par M. Sabatier à la conférence Molé-Tocqueville. *Documents relatifs à la police des mœurs,* annexe nº 14.

vice de procéder à un examen complet des filles soumises dans le temps qui leur est réservé, spécialement aux jours d'affluence exceptionnelle de la fin de chaque quinzaine. Qui pourrait admettre que dans une visite qui dure parfois moins d'une minute, il n'arrive pas, même aux praticiens les plus exercés, de ne pas apercevoir certains accidents, comme le chancre induré, qui dans certains cas n'est que « la plus imperceptible des érosions » ou la blennorrhagie dont « il est souvent malaisé de reconnaître l'existence chez la femme ? » (1).

Je ne parle même pas de ce qu'on appelait autrefois *la petite visite*, dont M. le professeur Fournier demande à juste titre l'abolition et qui, d'après ce que nous assurent les médecins du Dispensaire, ne se pratique plus.

Sans attacher plus d'importance qu'il ne convient à certains renseignements dont je n'ai pu contrôler l'exactitude, je signalerai l'opinion répandue, même chez quelques membres du corps médical, que certaines filles qui *rendent des services* à la police peuvent être parfois dispensées de la visite, et n'en ont pas moins leurs cartes en règle. Le fait a été affirmé en 1879, devant la Commission spéciale du Conseil municipal, par d'anciens agents du service des Mœurs, et j'en ai

(1) Gosselin. *Clinique chirurgicale de l'hôpital de la Charité*, 3ᵉ édit., t. II, p. 536. J.-B. Baillière.

reçu moi-même, tout récemment, la confirmation. De plus, les précautions en vue d'éviter la contagion par les instruments dont se servent les médecins sont pour ainsi dire nulles. Il n'y a même pas d'eau pour les nettoyer.

MODE DE NOMINATION DES MÉDECINS DU DISPENSAIRE. — De l'avis même du docteur Clerc « le mode actuel de nomination des médecins est défectueux. L'Administration appelle indistinctement à ces fonctions toutes les personnes munies d'un diplôme. Tous les médecins n'ont pas, cependant, les mêmes aptitudes. Il serait donc à désirer qu'on établît un concours sur titres, et qu'on ne choisît autant que possible que d'anciens internes de Saint-Lazare ou des hôpitaux de Lourcine, du Midi et de Saint-Louis (1) ».

Le sentiment du docteur Martineau, sur cette question du mode de nomination du personnel médical du Dispensaire, pour être exprimé dans des termes volontairément mesurés, n'en est que davantage à retenir :

« Il ne m'appartient pas, écrit Martineau, de critiquer une nomination qui a toujours donné de bons résultats ; je dirai, toutefois, qu'il serait préférable d'instituer un concours spécial, dont les matières porteraient sur l'étude des maladies

(1) Commission de la police des mœurs. Procès-verbal de la séance du 24 février 1879, p. 54.

vénériennes, étude, ne l'oublions pas, des plus difficiles et des plus complexes, et qui, par cela même, nécessite des travaux assidus dans les hôpitaux spéciaux affectés à ces maladies (1). »

On ne saurait mieux dire, ni faire une plus sérieuse critique du règlement qui conférait au Préfet de police le droit de choisir les médecins du Dispensaire, même parmi le praticiens les moins bien préparés par leurs études antérieures à cette difficile et délicate mission. De ce côté encore, les garanties offertes par l'organisation du Dispensaire étaient tout au moins insuffisantes, et il a fallu un singulier optimisme pour répondre par ce simple monosyllabe : « Oui » à cette question que la commission sanitaire municipale avait cru devoir poser : « L'organisation actuelle du Dispensaire paraît-elle suffisante à M. le Préfet de police ? (2) »

Le successeur de M. Gragnon a, du reste, reconnu le bien fondé des réclamations unanimes des spécialistes les plus éminents, contre le mode de nomination des médecins du Dispensaire de salubrité. Par un arrêté du 1ᵉʳ mars 1888, M. Léon Bourgeois a substitué le concours au choix pour la désignation à ces emplois.

Les conditions stipulées dans cet arrêté pour

____

(1) Martineau, *Prostitution clandestine.* 1885, Paris p. 194.
(2) *Questionnaire adressé au Préfet de police.* 15ᵉ question.

les candidats aux postes vacants dans ce service
sont les suivantes :

1º Être Français et âgé au moins de 35 ans ;
2º Avoir été admis à concourir ;
3º Avoir subi avec succès les épreuves du concours,
qui consistent en : une épreuve de titres scientifiques et
hospitaliers ; une épreuve écrite de deux heures sur un
sujet relatif aux affections vénériennes et à la gynécologie ; deux épreuves orales de diagnostic de dix minutes
chacune, après dix minutes de préparation.

Le jury du concours est nommé par le Préfet de police
sur la présentation du doyen de la Faculté de médecine.
Il est choisi parmi les membres des corps scientifiques
suivants : les membres de l'Académie de médecine, les
professeurs et professeurs agrégés de la Faculté de
médecine, les médecins, les chirurgiens et accoucheurs
des hôpitaux, les médecins titulaires de Saint-Lazare.

Le jury se compose de cinq membres et d'un suppléant.
Le président est désigné par l'arrêté de nomination.

Le même arrêté fixe à 65 ans l'âge auquel les
médecins du Dispensaire devront cesser leurs
fonctions.

Cet arrêté constitue évidemment un progrès
sur l'état de choses antérieur, et réalise une
partie des garanties réclamées par les savants
praticiens dont nous avons cité l'opinion. Mais il
est insuffisant pour remédier à la mauvaise organisation du Dispensaire de salubrité qui, par la
main mise des bureaux de la Préfecture de police, sous la direction desquels il est placé, a été

vicié dès son origine. Cette institution, au lieu d'être seulement l'arbitre des mesures sanitaires à imposer aux prostituées, est devenue fatalement un instrument de répression et de recherches absolument étrangères à son objet initial. La périodicité, la réglementation des visites ont été établies, non dans un intérêt hygiénique, mais pour la plus grande commodité du service administratif des Mœurs. Tout est à réformer de ce côté, et la substitution du concours à la nomination directe, pour le choix des médecins du Dispensaire, pour être une première satisfaction donnée aux unanimes critiques de ceux qui ont étudié de près cette délicate question, ne saurait remédier aux vices d'une institution reconnue insuffisante et inapte à sauvegarder la santé publique.

III. — Saint-Lazare.

« La sanction de la visite médicale et de l'institution du Dispensaire, a écrit M. le docteur Rollet, réside dans l'hospitalisation des vénériens. »

Examinons comment la Préfecture de police observe cette règle posée par le savant professeur lyonnais. Je ne peux mieux faire ici que citer l'éloquent tableau qu'a tracé M. le docteur Alfred Fournier :

«Une fille est reconnue malade au Dispensaire. Le même jour elle est conduite à Saint-Lazare, et conduite comment? Dans une voiture cellulaire, dans l'ignoble voiture connue du nom trivial que l'on sait, qui sert de véhicule aux prévenus, aux voleurs, aux assassins, et qui, par elle seule, est un stigmate d'infamie. Or, pourquoi une voiture cellulaire? Pourquoi cette première humiliation imposée à une fille malade? A quel but, à quel intérêt pratique cela peut-il répondre?

» Suivons maintenant cette même malade. Où la conduit la voiture en question? A Saint-Lazare. Or, qu'est-ce que Saint-Lazare? Une agglomération confuse de prévenues, de coupables, de criminelles à divers dégrés... et de malades! Ainsi, cette femme malade, simplement malade, à qui la société n'a (pour l'instant, du moins), d'autre délit à reprocher que celui d'une affection contagieuse, cette femme, dis-je, va franchir le même seuil, va passer sous la même porte, va être confinée dans les mêmes murs que les prévenues, les voleuses, les criminelles! C'est là une confusion qui révolte le bon sens et l'équité (1). Mais, disent les casuistes, cette confusion n'existe pas en réalité, car il y a dans Saint-Lazare plusieurs « quartiers » et cette femme

____

(1) Depuis un an, la Préfecture de police fait transférer à la prison de Doullens toutes les femmes condamnées à des

malade aura son quartier spécial qui la distinguera de ses voisines. Qu'importe, répond le bon sens ; même avec plusieurs quartiers, il n'y a qu'un Saint-Lazare, il n'y a qu'un écriteau sur la porte, et cet écriteau stigmatise d'infamie toutes celles qui passent au-dessous, quels que soient d'ailleurs les quartiers qui les reçoivent. Qu'elles soient ici ou là, l'opinion publique n'y regarde pas de si près et ne s'arrête pas à des délimitations administratives. Pourquoi donc cette inique, cette abominable promiscuité ? »

« .....Toute chose, toute institution a sa logique ; une prison a la sienne aussi. Pour être ce qu'elle doit être, une prison comporte un certain ensemble de dispositions matérielles, de règlements, de discipline, de mesures coercitives, etc., qui l'approprient à sa destination. A ce titre elle doit être absolument différente d'un hôpital, cela va de soi. Or, c'est dans une prison que vous introduisez une malade ; est-il donc possible que

peines variant de deux mois à un an, au lieu de maintenir ces détenues à Saint-Lazare.

Les femmes condamnées à des peines inférieures à deux mois seront prochainement transférées à la maison de correction de Nanterre (quartier cellulaire).

Mais la promiscuité si justement flétrie par M. le docteur Alfred Fournier existe toujours pour les prévenues, et, tandis que le ministère de l'Intérieur semble disposé à la faire cesser, la Préfecture de police, par ses objections au projet tendant à maintenir au Dépôt toutes les prévenues, montre combien elle est un obstacle au moindre progrès.

cette malade trouve là ce qui lui convient ? Qui jamais a songé à assimiler un hôpital à une prison? C'est faire injure au bon sens que de rapprocher des choses si dissemblables; eh bien, cette injure au bon sens, Saint-Lazare nous en offre un exemple accompli (1). »

Ce vehément réquisitoire, inspiré à l'illustre syphyliographe par cette absurdité qui consiste à traiter en criminelles de pauvres malades, est l'expression du sentiment que doit inspirer à tout homme juste et doué de quelque sens commun, le moyen imaginé par le service des Mœurs pour « hospitaliser » les filles publiques atteintes d'affections vénériennes. L'existence de la prison-hôpital qu'on nomme Saint-Lazare, est un attentat permanent au bon sens et à l'humanité. On peut ajouter qu'elle constitue le plus grave danger que puisse courir la santé publique, car il semble que tout y ait été accumulé comme à plaisir pour créer un épouvantail, dont la seule idée détermine les filles qui font le commerce de leur corps à se soustraire à la surveillance sanitaire dont elles sont l'objet.

Ce n'est pas m'éloigner de mon sujet que d'examiner avec quelque détail le régime auquel sont soumises dans cet établissement et

____

(1) Documents relatifs à la police des mœurs. Projet de réglementation du docteur Alfred Fournier. Annexe n° 3, p. 6 et 7.

les filles malades, et celles envoyées en punition.

Pour ces dernières, il suffit de se reporter au règlement du 29 novembre 1875, pour constater que la situation qui leur est faite est bien moins tolérable encore que celle des condamnées pour vol ou autres délits qualifiés, détenues à Saint-Lazare.

C'est à la deuxième section que sont enfermées « les filles soumises punies et malades, *les filles insoumises malades, les filles insoumises détenues en hospitalité ou détenues par mesures administratives.* »

Cette énumération prouve tout d'abord combien est exact le reproche fait à la prison de Saint-Lazare, de créer la plus déplorable promiscuité entre des filles, complètement corrompues comme les vieilles filles soumises, et des femmes ou même des jeunes filles qu'il serait possible de ramener au bien, et qui n'ont à se reprocher que d'avoir été contaminées, par suite de circonstances dont souvent elles ne sont que très incomplètement responsables, étant donné l'état social actuel.

Bon nombre de ces malheureuses sont très jeunes. Si l'on ne tient compte que des insoumises envoyées à Saint-Lazare pendant les années 1883 à 1888, années pour lesquelles nous avons pu obtenir des renseignements statistiques de la

Préfecture de police (1), nous voyons que le nombre des filles mineures détenues dans cette prison a a été pour celles envoyées à l'infirmerie de 491, 485, 496, 319, 327 et 224, et pour celles envoyées en punition de 219, 277, 120, 82, 50 et 60.

Dans un rapport présenté en 1886 au congrès de Londres par Mme Caroline de Barrau, qui s'est consacrée si noblement à l'Œuvre des libérées de Saint-Lazare, nous trouvons des renseignements qui complètent et confirment les nôtres.

« Pendant l'année 1882, sur 9,200 femmes incarcérées à Saint-Lazare, il y eut à la deuxième section, exclusivement, 4,077 filles ; de ce nombre, 1,198 avaient de 16 à 20 ans ; 1,603 avaient de 20 à 25 ans.

» En 1883, sur 8,760 femme arrêtées, il y eut plus de 4,000 filles à la deuxième section, dont 1,201 de 16 à 20 ans et 1,617 de 20 à 25 ans.

» En 1884, sur 8,700 femmes qui entrèrent à Saint Lazare, il y eut 4,200 filles à la deuxième section : 918 avaient de 16 à 20 ans, 1,639 de 20 à 25 ans. »

Il est vrai que M. le Préfet de police ajoute que « les insoumises ne sont pas envoyées en punition, mais à la troisième section à titre

____

(1) *Questionnaire* (3° question).

d'hospitalité »; mais c'est là une affirmation contraire à la réalité et qui repose sur une simple argutie de langage.

La 3e section reçoit en effet un certain nombre d'insoumises, mais seulement celles au-dessous de seize ans. Le règlement est formel à cet égard.

« La 3e section, y est-il dit, renferme : les enfants prévenues, âgées de moins de seize ans; celles acquittées par les tribunaux et soumises à la correction en vertu de l'art. 66; celles condamnées par application des art. 67 et 69, jusqu'au moment de leur transfèrement dans les maisons de correction. »

Est-il nécessaire d'insister sur le danger qu'il y a de jeter au milieu de cette population, plus ou moins viciées, les jeunes prostituées qui attendent le résultat des démarches faites près de leurs parents, pour les amener à les reprendre près d'eux ? La question est évidemment toute d'ordre moral, mais je crois néanmoins devoir appeler sur ce point l'attention.

En tous les cas, les mineures de seize à vingt ans sont confondues à la 2e section avec les filles soumises, au grand détriment de leur guérison morale. Nous verrons plus tard qu'il en est de même à l'infirmerie. Toutes sont astreintes au travail en commun, et cela pendant une journée qui, suivant le règlement « ne peut excéder onze heures », mais qui atteint toujours ce chiffre, *même pour les enfants de la correction*. Toutes sont soumises aux mêmes obligations que les voleuses de profession : port du costume pénitentiaire, silence absolu pendant le travail, peines disciplinaires absolument draconiennes, allant depuis la mise au pain sec et à l'eau, jusqu'à la mise au cachot avec le pain sec et la *camisole de force*.

La pistole, qui est accordée à certaines catégories de détenues, est interdite aux filles soumises.

Le régime alimentaire est tout ce qu'il y a de plus dépressif : deux fois par jour une bouillie de légumes frais ou secs, servie à peu près froide. De l'eau pour boisson, à moins que la fille n'ait assez d'argent pour se payer à la cantine un décilitre de vin. Deux petits morceaux de bœuf bouilli par semaine.

L'hygiène est déplorable. J'ai vu les grandes pièces carrelées où sont entassées pêle-mêle soumises et insoumises, n'ayant pas même le nécessaire pour accomplir les soins de propreté indispensables aux femmes. Les dortoirs ne sont jamais chauffés, même par les plus grands froids de l'hiver.

Les ateliers situés au rez-de-chaussée sont presque tous d'une humidité inouïe, mais l'entrepreneur est tenu de les chauffer en hiver.

Jusque-là, c'est le régime pur et simple de la prison. Mais, de renseignements que nous avons pu recueillir et contrôler par des dépositions qui émanent de sources non suspectes, il résulte que dans la pratique ce régime est rendu encore plus dur pour les prostituées que pour les autres détenues. Les sœurs chargées de la surveillance générale de la prison, animées d'un sentiment bien catholique, ne perdent aucune occasion pour les maltraiter et les priver des menues faveurs accordées aux autres pensionnaires de Saint-Lazare.

Les filles en carte, frappées pour avoir été en retard pour leurs visites, ou pour d'autres contraventions aux règlements de police, n'ont point droit au parloir de faveur, qui est accordé aux voleuses. Elles ne peuvent recevoir du dehors aucuns aliments, et sont forcées de se contenter de la cantine, au grand profit du cantinier. Il leur est défendu, même dans les heures de récréation, de tricoter ou de travailler pour elles. Enfin, elles ne peuvent recevoir du dehors du linge, et se voient appliquer, même aux époques spéciales, le règlement de Mazas, qui accorde aux détenus une seule chemise par semaine.

Aussi, bon nombre de ces malheureuses sont-elles portées à s'accuser volontairement de vols de minime importance, pour être envoyées à la

première section, où elles sont moins durement
traitées qu'à la seconde.

A l'infirmerie, le régime, pour être un peu
meilleur, n'en est pas moins encore absolument
différent de celui qui convient à des malades.
La promiscuité la plus répugnante y règne. M. le
Préfet de police affirme que « les filles soumises
occupent à l'infirmerie les salles du 1er étage.
Les insoumises occupent celles des 2e et 3e étages.
Elles sont réparties dans chaque salle suivant
leur âge et autant que possible les mineures sont
séparées des majeures (1) ». Cela n'est pas absolument exact. J'ai trouvé dans les salles de l'infirmerie tous les âges confondus. Les malades de
la 3e section elles-mêmes y sont reçues. Certaines filles syphilitiques, interrogées par nous,
n'avaient que 14 ou 15 ans, et étaient couchées à
côté de compagnes beaucoup plus âgées.

L'infirmerie n'a pas compris seulement des
prostituées, au moins jusqu'à ces dernières années, nous en recueillons l'aveu d'un témoin non
suspect, M. le docteur Le Pileur, médecin de
Saint-Lazare.

« Le couvent de Saint-Michel, écrit-il, possède,
depuis 1874, un quartier affecté aux jeunes filles
détenues par voie correctionnelle, ou sur la demande des parents. *Ces jeunes filles sont envoyées*

____

(1) *Questionnaire*, 18e question.

à Saint-Lazare quand elles sont reconnues atteintes d'affections vénériennes, DE GALE, *ou quand elles sont enceintes* (1).

Ce scandale a pris fin, et les jeunes délinquantes, autrefois confiées à la congrégation de Saint-Michel, sont actuellement dirigées sur la colonie d'État laïque de Fouilleuse.

On voit que les pratiques des dames de Saint-Michel valaient celles des sœurs de la congrégation de Marie-Joseph, qui partagent avec les gardiens la surveillance de Saint-Lazare. Si la présence de ces femmes est déplacée, c'est assurément là. Les tourments matériels et moraux qu'elles imposent aux détenues, et tout spécialement aux filles soumises et insoumises, ont inspiré des réflexions indignées à Parent-Duchatelet (2), qui était pourtant un catholique pratiquant. Elles ne se sont guère améliorées depuis que la réaction cléricale les a réinstallées, en 1850, dans cette prison, d'où les avait chassées la monarchie de Juillet.

Ajoutons pour mémoire que les filles malades ou non sont astreintes aux exercices du culte. Le règlement est formel à cet égard (3).

(1) Lepileur, *Annales d'hygiène publique et de médecine légale,* 3ᵉ série, t. XII, p. 441.

(2) Parent-Duchatelet, *De la prostitution dans la ville de Paris.* Paris 1836; 3ᵉ édition 1857.

(3) Deux services religieux sont célébrés, chaque dimanche, dans la chapelle de la maison, l'un à huit heures pour la

Ce tableau, un peu étendu peut-être, nous a paru indispensable, pour donner l'exacte impression de la nature du régime auquel sont soumises chaque année des milliers de femmes, qui ne se sont rendues coupables d'aucuns crimes ou délits, mais seulement de simples contraventions à des règlements de police, et à des malades que la société a le devoir de soigner et de guérir. Les véhéments anathèmes du docteur Alfred Fournier en reçoivent une éloquente justification.

Quoi d'étonnant que, pour échapper à un aussi odieux traitement, les filles soumises, qui se savent ou seulement se soupçonnent malades, se soustraient aux visites et essaient par tous les moyens de se dérober aux recherches de la police, sauf à répandre autour d'elles la contagion dont elles sont atteintes ? Et ne sommes-nous pas autorisés à conclure que l'existence de Saint-Lazare, au lieu d'être une garantie, constitue une perpétuelle et permanente menace pour la santé publique ?

1° section, et l'autre à neuf heures pour la 2° section ; les vêpres sont dites à deux heures un quart.

» Les offices du culte protestant ont lieu aux mêmes heures dans un oratoire spécial.

» *Toutes les détenues sont tenues d'assister aux exercices du culte, et aux instructions morales et religieuses qui sont instituées dans l'établissement.* »

Règlement du 29 mai 1875. — Service religieux.

« La conclusion très simple de tout ceci, disons-nous avec M. le docteur Alfred Fournier, est que, s'il faut une prison pour des prisonniers, il faut un hôpital pour des malades. Le vice radical du système actuel est de confondre des malades avec des détenues. Et de là sont nés, par la force même des choses, des contre-sens et des abus que condamne l'opinion publique (1).

(1) Documents relatifs à la police des mœurs. — Annexe n° 3, p. 8.

TROISIÈME PARTIE

RÉFORMES A APPORTER AU RÉGIME ACTUEL DE LA PROSTITUTION

CHAPITRE PREMIER

SURVEILLANCE SANITAIRE

Des études auxquelles je me suis livré, il résulte deux faits :

1º Les mouvements d'augmentation ou de diminution des maladies vénériennes sont en rapport inverse du nombre des visites sanitaires imposées aux prostituées, visites qui ont pour conséquence l'obligation pour ces femmes de se soumettre à un traitement curatif plus ou moins prolongé ;

2º La réglementation de la prostitution, telle qu'elle existe actuellement à Paris, loin d'engager les femmes qui font habituellement métier de prostitution à se soumettre volontairement à ces visites, et à se prêter au traitement qui leur est indispensable en cas de maladies contagieuses constatées, a pour effet de les amener à s'y soustraire, au grand détriment de la santé publique.

C'est en m'inspirant de ces considérations que je vais aborder la partie plus importante et aussi la plus délicate de ma tâche, l'étude d'une réforme du régime de la prostitution, où, tout en sauvegardant les intérêts supérieurs de la santé publique, j'aurai à rechercher les moyens de rendre ce régime moins arbitraire et plus efficace au point de vue de l'hygiène générale.

J'ai déjà indiqué un certain nombre de solutions qui m'apparaissent comme les plus urgentes.

Elles portent, les unes, sur la situation particulière faite aux femmes qui se livrent d'une façon permanente au métier de prostituées, et les autres sur les modifications à apporter à notre système d'assistance hospitalière, en ce qui touche spécialement la prophylaxie des affections vénériennes. Je les examinerai successivement, en m'inspirant des recherches auxquelles s'est livrée depuis trois années la Commission sanitaire, et des avis émis, par l'Académie de médecine, dans les congrès médicaux, dans les ouvrages des spécialistes qui ont particulièrement étudié cette question, ainsi que des lois et règlements qui régissent à l'étranger la prostitution (1).

A qui doit appartenir la surveillance sanitaire des femmes qui font métier de leur corps, étant donné qu'il apparaît comme impossible qu'on laisse libre et sans contrôle l'exercice de cette profession insalubre entre toutes! Jusqu'à ce jour, c'est à la Préfecture de police qu'elle a appartenu. Il n'est guère utile de constater une fois de plus quels abus en ont été la conséquence. Je crois avoir suffisamment établi les dangers qu'offre cet état de choses au point de vue de la santé publique, le seul dont j'aie ici à m'occuper. La main mise sur toute une classe de femmes, plus malheureuses que coupables, par l'autorité brutale et sans contrôle des fonctionnaires de la police, est une source constante d'abus qui répugnent aux sentiments d'humanité d'une société démocratique et républicaine. Le principe supérieur de la liberté en reçoit des atteintes profondes, qui n'ont pas même pour excuse le bien général. Loin d'atténuer le mal, ils l'aggravent et le rendent plus intolérable encore.

En serait-il de même, si les prostituées étaient

(1) Voyez le livre de Reuss, *la Prostitution*, 1889, qui contient un coup d'œil sur la prostitution dans les principales villes de France et de l'étranger.

placées sous le contrôle d'un office sanitaire spécial, placé sous la direction et sous le contrôle incessant des élus de la cité, et formant une des branches de ce grand service d'hygiène municipale, dont tous les bons esprits réclament impérieusement la création? (1) Nous ne le pensons pas et nous imaginons, au contraire, que dans de telles conditions il serait facile de rendre au moins tolérable le régime d'exception sous lequel se trouveraient placées les femmes qui volontairement, et en pleine connaissance de cause, accepteraient de se soumettre aux obligations spéciales de la profession qu'elles entendent exercer.

L'Italie, la première, est entrée dans cette

(1) Voir notamment la proposition suivante déposée le 30 décembre 1884 par MM. Villiard, Alfred Lamouroux, Armengaud, Boll, Curé, E. Hamel, Leclerc, Michelin, Reygeal, Strauss et Stupuy au Conseil municipal :

« Le Préfet de la Seine et le Préfet de police sont invités à entrer immédiatement, d'accord avec la 8° Commission, en pourparlers avec les pouvoirs publics en vue d'arriver à la création d'une direction spéciale de l'hygiène à Paris, englobant tous les services se rattachant à l'hygiène et à la salubrité, actuellement divisés entre la Préfecture de la Seine et la Préfecture de police.

» Cette direction devra être légitimement placée, comme budget et comme fonctionnement, sous la surveillance et le contrôle du Conseil municipal de Paris.

« M. le Préfet de la Seine est invité à présenter ce projet au Conseil, au plus tard en même temps que le projet de budget de la Ville pour 1886. »

voie. Dès 1880, un décret du ministre de l'Intérieur a institué dans chaque chef-lieu de province
des offices sanitaires qui ont la direction absolue
de tout ce qui concerne la prostitution.

La police municipale (*guardie municipali*) est
seulement chargée, sous les ordres du chef de ces
offices, de faire exécuter les dispositions fixées
par les règlements (1).

A Genève, c'est le bureau de salubrité, —
placé il est vrai sous la haute autorité du département de Justice et police, — qui a la haute
main sur tout ce qui concerne les visites sanitaires
faites aux prostituées (2).

Je suis loin de donner comme un exemple à
suivre ce qui se fait dans ces deux pays. Mais il
y a là au moins une indication de ce qui pourrait
être accompli à Paris, si notre ville rentrait enfin
dans la possession des droits qui lui sont si in-
justement refusés.

A mon avis, il conviendrait de placer sous la
direction d'un agent responsable de la municipalité tout ce service, comprenant l'enregistrement
des filles publiques, le dispensaire et l'envoi en
hospitalisation provisoire dans le cas de maladies
contagieuses constatées.

(1) *Instruzioni provisiorie per regolare il servizio degli uffizi
Sanitarie.* Roma, 1880.

(2) Règlement du 13 janvier 1885 concernant les visites
sanitaires. Voyez plus loin Annexe 10.

CHAPITRE II

La mesure de l'inscription est le seul moyen de connaître les filles qui entendent se livrer d'une façon régulière à la prostitution.

Elle équivaut, en somme, aux déclarations imposées à tout propriétaire ou entrepreneur d'industrie insalubre, et nous avons quelque peine à comprendre qu'elle soulève plus d'objections, alors que, comme nous l'avons précédemment indiqué, elle serait volontaire, et ne pourrait en aucun cas être ordonnée d'office.

Bien que je ne me fasse aucune illusion sur l'étendue des dangers que présentent en ce qui touche la contagion vénérienne les filles mineures, j'estime que cette faculté de l'inscription ne saurait être accordée qu'aux femmes ayant atteint leur majorité.

Je me réserve, du reste, d'indiquer dans la cinquième partie de cette étude les mesures qui pourraient être prises vis-à-vis des mineures, dont l'état de vagabondage immoral aurait été constaté.

Les raisons d'ordre moral et social qui ont dicté cette résolution sont trop nombreuses et trop évidentes pour qu'il soit nécessaire d'y insister. Il suffit de remarquer qu'une adhésion à un acte aussi grave que l'inscription sur les registres de la prostitution, nécessite au moins la maturité d'âge et d'expérience qui est exigée par la loi, pour qu'un individu puisse valablement contracter pour des objets de la plus médiocre importance.

L'inscription entraînerait nécessairement l'acceptation des obligations spéciales que l'hygiène publique commanderait aux prostituées d'habitude, en ce qui concerne les visites sanitaires et l'hospitalisation pour les malades. Pour le reste, les filles soumises rentreraient dans le droit commun, et ne pourraient en aucun cas être arrêtées ou détenues par mesure administrative. Les contraventions au règlement seraient déférées aux tribunaux de simple police.

CHAPITRE III

VISITES SANITAIRES

Les détails dans lesquels je suis entré, au sujet des visites sanitaires, de leur nombre, de la façon dont elles sont actuellement faites, et du mode de recrutement du personnel médical attaché au Dispensaire, font apercevoir dès l'abord la solution qui me semble la plus propre à garantir les intérêts de la santé publique.

Le premier point que j'ai eu à examiner, c'est de savoir si, étant donnée la nécessité de visites fréquentes pour rendre efficace l'examen auquel doivent être soumises les prostituées, il ne convenait pas de substituer au dispensaire unique actuellement existant plusieurs institutions semblables, établies sur divers points de la ville, à proximité des quartiers où résident les filles qui devront s'y rendre.

Sur ce sujet, je citerai l'avis du docteur Martineau :

« Afin d'épargner aux femmes un très grand déplacement, une très grande perte de temps, il est indispensable de multiplier les dispensaires, d'en créer un certain nombre dans les différents quartiers de Paris et de la banlieue...

« A chaque dispensaire serait attaché le personnel médical (médecins, élèves, infirmières) en rapport avec le nombre des femmes inscrites dans la circonscription et désignées pour subir les visites médicales. En général, il devrait y avoir un médecin par vingt femmes. En une heure, temps qui serait consacré tous les jours à cet examen par le médecin, il est matériellement impossible d'en examiner davantage, si l'on veut que l'examen soit fait avec le plus grand soin et la plus grande attention. Deux élèves externes aideraient le médecin à prendre les observations, et à mentionner sur des fiches spéciales l'état de santé de la femme. Il est de toute importance que ce travail soit fait, afin que le médecin puisse connaître la vie pathologique de la prostituée, avoir les renseignements les plus complets sur les affections antérieures, notamment leur nature, leur durée, leur traitement, leur guérison. La prostituée est destinée à revenir pendant un grand nombre d'années au dispensaire, il est donc utile de la suivre pendant tout le temps où elle exerce son métier (1). »

Avec une organisation semblable à celle que propose l'auteur que je viens de citer, il serait facile d'imposer aux prostituées inscrites l'obligation de subir deux visites par semaine, chiffre minimum exigé par tous les spécialistes, pour assurer une garantie au moins relative contre la contagion vénérienne (2).

Les difficultés qui résultent aujourd'hui de l'encombrement du Dispensaire aux fins de quinzaines, des longues courses qu'ont à faire les filles soumises, pour s'y rendre, seraient rendues bien moindres par cette dispersion des lieux de visite. Le nombre moyen des filles inscrites étant de 3,800, duquel il faut retrancher environ un tiers représentant le chiffre des filles mineures, ce serait 2,500 filles qui devraient être examinées en trois jours dans les différents dispensaires.

Or, en prenant le chiffre de vingt examens à l'heure, donné par le docteur Martineau, chiffre qui nous paraît, en effet, représenter le temps indispensable pour que cette opération puisse être

---

(1) Martineau, *Prostitution clandestine*, Paris, 1885, p. 189-194.

(2) Voir Dr Alfred Fournier, *Projet de réglementation sanitaire.* — Dr Martineau, *Prostitution clandestine.* — Dr Fiaux, *Rapport au Conseil municipal.* — Dr Armand Desprès, *Projet de délibération* précité, etc.

convenablement faite, c'est donc cent vingt-cinq heures de présence pour les médecins du Dispensaire tous les trois jours.

Or, il n'est pas exagéré de demander à ces praticiens 8 heures de service par semaine, soit 4 heures tous les trois jours. Dans ces conditions, le nombre des médecins devrait être porté à 31 au lieu de 20, chiffre actuel, répartis entre les différents dispensaires et placés naturellement sous les ordres d'un médecin inspecteur, responsable du bon fonctionnement du service.

Les visites devraient être faites au dispensaire, et non à domicile, sauf le cas où il y aurait impossibilité absolue pour les filles soumises de s'y rendre. La raison en a été formulée par le docteur Martineau :

« Le trajet du domicile de la femme au dispensaire, l'attente de l'examen font disparaître les résultats des lavages, des injections pratiquées au moment de la visite du médecin, et permettent ainsi notamment aux produits de sécrétion blennorrhagique de se reformer, de se montrer à nouveau (1).

C'est, du reste, également l'opinion de M. Lancereaux, qui veut que la visite, au lieu d'être pratiquée immédiatement après l'arrivée des femmes, ne soit faite qu'après que celles-ci au-

(1) Martineau, *loc. cit.*, p. 183.

ront été enfermées dans un local spécial pendant quelques heures, et privées de toute eau.

Le seul cas où la visite pourrait être faite au domicile de la femme, c'est lorsqu'elle ne se présenterait pas au jour fixé au dispensaire. Dans ce cas, le directeur de l'office sanitaire aurait à s'enquérir immédiatement de la cause de cette absence, et déléguerait un des médecins, qui se rendrait près de la fille qui aurait invoqué une indisposition ou une maladie intercurrente pour se rendre compte si ce n'est pas là un simple prétexte pour dissimuler une affection vénérienne dont elle se saurait atteinte. Celui-ci devrait en faire son rapport au directeur du service, qui agirait en conséquence.

Le nombre des dispensaires ne saurait être fixé d'une façon précise, qu'à l'aide des renseignements les plus complets sur les lieux de résidence des filles soumises. Ces établissements devraient être situés de façon à éviter le plus possible les longues courses à leurs clientes, de la ville ou de la banlieue.

Quelques spécialistes ont pensé qu'il conviendrait d'annexer les dispensaires aux hôpitaux, soit généraux, soit spéciaux, où devraient être traitées les prostituées reconnues malades. C'est l'avis de M. le docteur Alfred Fournier, qui demande d'annexer à l'asile sanitaire dont il propose la création le service dit : *du Dispensaire,* de telle sorte que toute fille reconnue malade à la visite pourrait être immédiatement retenue et internée à l'asile.

« Cette disposition, ajoute le savant professeur, réunirait plusieurs avantages. Elle faciliterait les rapports nécessaires, les communications indispensables entre les divers services. Elle éviterait aussi ces promenades incessantes des filles malades, transportées tour à tour du Dispensaire à Saint-Lazare, puis de Saint-Lazare au Dispensaire (1).

La même opinion est professée par M. Buls, bourgmestre de Bruxelles :

« Nous avions cru, écrit-il, que la solution la meilleure eût été la solution du dispensaire dans l'enceinte même de l'hôpital... Le Conseil général des hospices n'a pas cru devoir se rallier à cette manière de voir...

« Dans ces conditions, nous devons nous borner à établir le dispensaire, sinon à l'hôpital même, du moins dans le voisinage immédiat (2).»

Le docteur Martineau estime au contraire qu'il y aurait de graves inconvénients à ce que les dispensaires soient établis dans les hôpitaux généraux. « Du jour, dit-il, où la population

(1) Alfred Fournier, *Projet de réglementation sanitaire*, art. 3, p. 4.
(2) Rapport de M. le bourgmestre de Bruxelles, 4 août 1884.

apprendrait que les prostituées viennent aux consultations externes, elle n'y viendrait plus (1). »

Je crois, en effet, que dans l'état actuel des mœurs il ne serait pas possible, quelques avantages qu'on puisse d'ailleurs y trouver, d'annexer les dispensaires aux hôpitaux. C'est dire qu'il faut repousser la partie de la proposition de M. le docteur Després, qui demandait que la visite médicale fût confiée aux médecins des hôpitaux, aux constatations desquels les prostituées devraient se rendre pour en retirer un certificat ou ordonnance de santé. En outre des inconvénients signalés plus haut, il serait à craindre que cet examen ne fût abandonné par les éminents praticiens de nos hôpitaux, comme indigne de leur attention, à des élèves qui n'y apporteraient souvent pas tous les soins et tout le sérieux désirables.

Le corps médical si remarquable et si dévoué, qui prête son concours à l'Assistance publique, ne se prêterait du reste peut-être qu'avec répugnance au rôle que lui réserve M. Després, et le bien du service en souffrirait.

J'ajoute que les dispensaires devront être établis dans des locaux spécialement destinés à cet usage, et aménagés dans les conditions les meilleures pour l'objet auquel ils sont destinés.

(1) Martineau, *loc. cit.*, p. 190.

A chacun d'entre eux, en dehors des médecins, des élèves et de l'infirmière chargés de procéder avec le plus grand soin au nettoyage des instruments servant à l'examen des filles inscrites, devrait être attaché un employé qui aurait pour fonction de faire exécuter les prescriptions du médecin examinateur, en cas de maladie constatée, c'est-à-dire de retenir et de conduire à l'hôpital la fille reconnue dangereuse pour la santé publique. Au médecin seul devra appartenir d'apposer sur le livret de visites, remis à chaque fille, le timbre constatant qu'elle a subi l'examen prescrit et qu'elle a été reconnue indemne de toute affection contagieuse. Ce timbre devra porter la date de la visite. Il ne devra, en aucun cas, être à la disposition de l'infirmière ou de l'employé attaché au dispensaire.

Du mode de recrutement des médecins. — Je me rallie sur ce point à l'opinion de MM. A. Fournier, Martineau, Mauriac, que j'ai déjà citée. Les médecins devront être nommés au concours, et choisis de préférence parmi les anciens internes des hôpitaux spéciaux. Les élèves attachés à ces dispensaires, et qui pourraient recevoir une indemnité, devraient être également recrutés par voie de concours. Ils formeraient la pépinière d'où sortiront pour l'avenir les médecins du Dispensaire.

CHAPITRE IV

L'inscription et la visite sanitaire n'auraient
bien évidemment aucune utilité, si elles n'avaient
pour sanction la faculté de contraindre les prostituées d'habitude, reconnues malades, à entrer
dans un hôpital où elles recevront les soins
qu'exige leur état, et d'où elles ne pourront sortir
que lorsqu'elles n'offriront plus de danger de
contagion immédiat.

Il ne faut pas se dissimuler que cette obligation
— la seule qu'à notre sens on ait le droit d'imposer aux femmes qui volontairement acceptent
d'être inscrites sur les registres de la prostitution
— constitue une restriction à leur liberté. Mais
est-ce là une raison qui doive nous arrêter, en
présence du danger que fait courir à l'existence
même de tant d'êtres inconscients, la diffusion

de tant de maladies dont il est d'un intérêt social
primordial de refréner les incessants progrès?

Dois-je ici rappeler à quelles mesures draconiennes les nations, même les plus libérales,
recourent en cas d'épidémies de choléra, de va-
riole ou de fièvre jaune? Les internements, les
lazarets, les interdictions de pénétrer sur le terri-
toire non atteint encore par la contagion, ne
sont-ils pas eux aussi des entraves à la liberté.

Je n'ai pas à examiner la question au point de
vue philosophique et sociologique. J'ai seulement
à rechercher à quelles conditions il est possible
d'agir efficacement contre le danger que présente
la prostitution, au point de vue de la diffusion
des maladies vénériennes, laissant à d'autres le
soin de mettre en harmonie avec la loi, les règles
de l'hygiène publique sur lesquelles elle entend
appuyer ses résolutions.

Ce droit d'interner dans un établissement
hospitalier les filles soumises atteintes d'affections contagieuses, il est reconnu par tous les
législateurs de tous les pays d'Europe. Non seulement les nations monarchiques comme l'Allemagne, l'Italie, l'Espagne, l'Autriche-Hongrie, la
Russie en font quotidiennement l'application,
mais il a été tout récemment sanctionné par la
législation de la République helvétique.

L'Angleterre elle-même a cru devoir corriger
l'abolition des *acts* par l'adoption d'un bill pro-

posé par le marquis Hartington, bill qui permet au chef du service médical de tout l'hôpital certifié de garder dans cet hôpital toute femme s'y trouvant atteinte d'une maladie contagieuse jusqu'à ce qu'elle en soit débarrassée.

L'expérience a démontré combien les prostituées d'habitude, auxquelles est laissée la liberté de sortir de l'hôpital, où elles sont venues spontanément se faire traiter, se font peu de scrupules d'aller au dehors porter le mal dont elles sont infectées, du moment qu'elles y trouvent un espoir de gain.

L'exemple de l'hôpital de Lourcine est là pour nous édifier :

« En 1879, écrivait le docteur Martineau, sur 1,782 admises, 508 sont sorties non guéries, soit volontairement, soit après refus de traitement par mesure disciplinaire; en 1880, sur 1,904 admises, 618 se sont trouvées dans le même cas; il y en a eu 687 en 1881 sur 1,968 admises, 730 en 1882 sur 2,235, et 650 en 1883 sur 2,400 (1).

« Le jour où il plaît à une femme de Lourcine, en pleine floraison syphilitique, dit encore le même auteur, de quitter l'hôpital pour aller reprendre en ville son métier, « doubler » une amie qui a trop d'ouvrage, ou « faire » une fête ou un dimanche, elle sort tranquillement et va empoi-

____

(1) Martineau, *Prostitution clandestine,* p. 27.

sonner sans scrupule ceux que leur malechance
lui adresse.

« Elle revient d'ailleurs le plus souvent, après
cette « bordée », et on la reprend à l'hôpital, ce
qui vaut encore mieux que la laisser multiplier
le nombre de ses victimes (1). »

C'est surtout les samedis ou les veilles de fêtes
que se multiplient ces dangereuses sorties. Or,
si l'on considère que les femmes qui se montrent aussi insouciantes de leur propre santé, et
surtout de celle de leurs clients de rencontre,
appartiennent presque toutes à la dernière catégorie des prostituées : filles à soldats, pierreuses,
bonnes de cabarets borgnes, on suppose les ravages qu'elles peuvent produire autour d'elles. Le
Dr Martineau cite l'observation d'une de ces
filles, qui, les samedis et dimanches de paye,
voyait jusqu'à 30 et 35 hommes. Il est très commun d'en rencontrer à Saint-Lazare ou à Lourcine qui se vantent de faire les mêmes jours de
6 à 8 passes. Ces chiffres effrayants en disent
plus que tous les raisonnements, contre l'excès
de sentimentalité en vertu duquel certaines personnes voudraient qu'on laissât pleine liberté à
d'aussi terribles syphilifères.

D'autres raisons encore poussent ces filles à
quitter l'hôpital : l'amour du changement, le

____

(1) Martineau, *Prostitution clandestine*, p. 18.

désir de se livrer à leur ordinaire intempérance, la jalousie, la crainte de se voir abandonner par leur amant, et surtout les sollicitations des proxénètes et des souteneurs, privés de leur gagne-pain.

On ne saurait compter sur la crainte qu'inspire la maladie à ces femmes pour les retenir. Ainsi que le fait très justement remarquer M. le Dr Maireau : « La syphilis est ordinairement la plus commode, la moins gênante des maladies. Bien rarement elle est, pour la prostituée, une entrave aux rapports sexuels, une obligation à la continence, et j'ajoute que la syphiliophobie n'existe pas et ne produit pas ses salutaires effets en dehors des classes cultivées (1) ».

L'internement dans un hôpital se justifie donc amplement, en ce qui concerne les filles publiques. C'est du reste à cette conclusion qu'aboutit M. le Dr Alfred Fournier, dans l'important travail que nous avons plusieurs fois cité :

« Les filles inscrites reconnues affectées de maladies vénériennes seront internées, jusqu'à guérison des accidents contagieux, dans un *asile sanitaire* spécial.

« Cet asile sera exclusivement ce qu'il doit être, à savoir : une maison où l'on traite des malades. Il n'aura pas seulement la disposition

____

(1) Docteur Maireau. *Syphilis et prostituées*, thèse de doctorat, Pa is, 1884, p. 33.

matérielle d'un hôpital ; il en aura aussi l'esprit, la discipline et les mœurs.

« Les malades y seront traitées avec tous les égards dus à tous les malades, quels qu'ils soient. Toute rigueur inutile, toute mesure vexatoire tendant à modifier le caractère de l'asile et à transformer un hôpital en maison de correction, y sera sévèrement prohibée.

« Offrir aux malades une assistance qui leur rende acceptable et enviable le traitement nécessaire à leur guérison, tel est le but à réaliser par la création de cet asile. Pour atteindre ce but, il conviendrait presque de prendre le contrepied des mesures oppressives qu'au détriment de l'intérêt général une déplorable routine continue à appliquer au traitement des vénériennes (1). »

On ne saurait plus exactement formuler, à notre sens, la règle de l'asile où devront être internées les filles inscrites malades, que ne l'a fait dans ces quelques lignes le savant professeur. Un hôpital qui ne soit pas une prison, qui n'y ressemble ni par le régime, ni par la discipline ; où, en dehors de l'obligation de suivre un traitement médical sévère, les pensionnaires jouissent de toutes les libertés accordées aux malades ordinaires, attirerait bien plus qu'il n'effrayerait ces malheureuses. La privation du

____

(1) A. Fournier. *Projet de réglementation sanitaire de la prostitution*, p. 3-4.

droit d'aller et de venir serait compensée par le bien-être dont elles jouiraient, et peut-être même, avec une organisation rationnelle et humaine, pourrait-on, pendant ce séjour où elles seraient éloignées des influences du détestable milieu où elles vivent, ramener quelques-unes au moins de ces filles aux habitudes de travail qu'elles ont perdues, et exciter chez elles le désir de renoncer à une vie de désordres, qui n'a le plus souvent pour cause que la misère et l'abandon.

Cette création d'un asile spécial, destiné à remplacer l'odieuse maison de Saint-Lazare, apparaît comme la plus urgente des réformes à apporter au régime actuel de la prostitution réglementée.

Il semblerait bien difficile d'aller plus loin, et de demander, comme le Dr Fiaux, l'admission de cette catégorie de femmes dans les hôpitaux généraux. Les inconvénients de cette promiscuité apparaissent clairement à tous les yeux; un seul suffirait à faire écarter cette proposition. Presque toutes les prostituées d'habitude sont en même temps proxénètes, ou ont contracté dans l'exercice de leur profession des vices de nature particulière, qui feraient, de leur présence au milieu d'une population féminine jeune et pauvre, comme celle qui vient chercher dans nos établissements hospitaliers les soins que réclame sa santé, les plus terribles ravages.

C'est là un côté excessivement délicat de la question, sur lequel on nous permettra de ne pas insister, et dont l'indication seule suffit à motiver les raisons qui ont déterminé la Commission sanitaire municipale à réclamer un asile spécial pour les vénériennes inscrites.

Cette création exclut d'ailleurs la proposition de MM. Strauss et Levraud, qui voudraient conserver l'infirmerie de Saint-Lazare, pour les prostituées qui auraient commis des infractions graves aux règlements des établissements hospitaliers.

L'isolement, plus ou moins prolongé, dans des chambres séparées, nous paraîtrait suffisant pour répondre aux craintes les plus exagérées.

Il convient d'ailleurs de se garder, comme l'a si justement fait observer M. le Dr Alfred Fournier, de ce préjugé qui veut que des rigueurs spéciales soient rendues exigibles par le caractère et l'indiscipline des malades *spéciales* auxquelles sera réservé cet asile. Il oppose avec infiniment de raison, à ces théoriciens d'un autre âge, l'exemple de Lourcine :

« Certes, dit-il, le public qui compose Lourcine est à peu près comparable à celui de Saint-Lazare ; je dirais même plus, les filles de Lourcine, recrutées pour la plupart dans la prostitution clandestine, et non encore soumises au moindre frein, sont bien plus indisciplinées, bien plus intraitables que les filles soumises ; or, jamais à Lourcine nous n'avons vu de malades plus dociles, au dire même de nos surveillantes, très compétentes en pareille appréciation, que celles dont nous gratifie parfois le Dispensaire, lorsque Saint-Lazare est encombré. Or, est-ce que Lourcine est une prison ? Est-ce que Lourcine a une discipline sensiblement différente de celle des autres hôpitaux? Est-ce que Lourcine est orné d'une grille à sa porte, d'un écrou, d'un poste de soldats ? Rien de tout cela n'empêche cependant qu'à Lourcine, même en l'absence de geôliers, on n'y traite efficacement la vérole ; n'empêche que Lourcine ne rende au public parisien d'énormes, d'incalculables services au point de vue de la prophylaxie.

« Il y a plus, et ce très petit détail peut avoir son prix dans l'espèce, Lourcine possédait un cachot, il y a quelques années. Ce cachot était considéré comme la sauvegarde, comme le palladium de la maison. Avec lui, et grâce à lui, disait-on, « Lourcine pouvait marcher » ; sans lui, tout devait être perdu. Cependant ce cachot vénéré n'existe plus aujourd'hui, et j'en suis quelque peu coupable. Or, chose surprenante, Lourcine est resté, même sans ce cachot, aussi paisible que par le passé, Lourcine fonctionne comme devant, et, miracle plus étonnant, la

vérole continue à y guérir même sans le cachot (1). »

Les renseignements que m'a fournis le docteur
Martineau confirment l'opinion du docteur Alfred
Fournier.

L'asile sanitaire devrait naturellement être
placé sous la direction de l'administration de
l'Assistance publique. Les chirurgiens et les
médecins seraient pris dans le corps si distingué
de nos hôpitaux. Les élèves internes et externes,
les surveillantes, les infirimières, seraient également choisis parmi le personnel hospitalier.

Nous avons vu plus haut que le nombre des
filles inscrites malades envoyées chaque année
à Saint-Lazare est en moyenne de 990, chiffre un
peu trop élevé, car il convient d'en défalquer les
filles qui, après être simplement « blanchies », y
reviennent quelque fois à deux ou trois reprises
dans la même année.

Mais l'asile sanitaire recevrait également un
grand nombre de disparues, qui se soustraient
justement à la visite, par crainte d'être envoyées
en prison, et que n'effrayerait certes pas le
régime infiniment plus doux de cet hôpital. Il
serait donc prudent de tabler sur une population
annuelle moyenne d'environ 1,200 malades, en
y comprenant les filles inscrites, qui vont se faire

____

(1) Dr Alfred Fournier, *loc. cit.*, p. 7.

aujourd'hui soigner en fraude à Lourcine ou à Saint-Louis.

Si l'on estime que le séjour ordinaire des vénériennes, parmi lesquelles les syphilitiques ne figurent que pour la moitié, n'excédera pas en moyenne 4 mois, c'est donc 400 lits que devrait posséder l'asile sanitaire pour répondre à tous les besoins.

M. le Dr Fournier estime que le nombre des malades confiés à un médecin, et composant ce qu'on appelle un service, ne devrait, sous aucun prétexte, dépasser 80. Il faudrait donc prévoir 5 services, composés chacun d'un médecin en chef, d'un interne, de quatre élèves externes, d'un interne en pharmacie et du nombre de surveillantes et d'infirmières correspondant.

Ce sont là, d'ailleurs, de simples indications, et il conviendrait, au cas où le Conseil municipal adopterait sur ce point mon avis, de provoquer de la part de l'administration de l'Assistance publique l'étude d'un projet complet d'organisation d'un asile sanitaire, exclusivement destiné aux filles inscrites.

QUATRIÈME PARTIE

ORGANISATION DU SERVICE SANITAIRE

CHAPITRE PREMIER

CRÉATION DES SERVICES SPÉCIAUX DANS LES HOPITAUX GÉNÉRAUX

L'asile sanitaire dont je viens de tracer à grands traits l'organisation, n'étant destiné qu'aux seules filles inscrites, il reste à rechercher quels peuvent être les moyens les plus efficaces pour assurer à tous les malades atteints d'affections vénériennes un traitement complet et efficace.

Il est bien évident que ce qu'on peut faire de plus utile pour diminuer le nombre des contaminations, c'est d'hospitaliser tout malade affecté de lésions contagieuses, de façon à lui enlever la possibilité même de transmettre la contagion.

Mais pour atteindre ce résultat, une première condition est indispensable : c'est que le nombre des lits mis à la disposition des malades soit égal, sinon supérieur, aux demandes d'admission. Or il est loin d'en être ainsi aujourd'hui.

Les deux hôpitaux spéciaux du Midi et de Lourcine ne comptent, en effet, que 579 lits, savoir :

Hôpital du Midi : 336 lits.

Hôpital de Lourcine : 243 lits avec 24 berceaux.

Les six services de Saint-Louis, où sont admis les vénériens, ajoutent, il est vrai, à ce total un certain nombre de lits, mais combien insuffisant, pour les besoins d'une population qui compte plus de 2,500,000 habitants. M. le professeur Fournier a, d'ailleurs, donné la preuve la plus éclatante de cette insuffisance en constatant qu'à sa consultation de l'hôpital Saint-Louis, « sur 100 femmes syphilitiques contagieuses qui sollicitaient leur admission, il avait été obligé d'en refuser *quatre-vingt-une* — FAUTE DE PLACE.

M. le docteur Le Pileur évalue à 1,200 le nombre de lits à créer, étant donné qu'on conserverait Saint-Lazare et Lourcine. Nous estimons, avec le beau rapport de M. Fournier à l'Académie de médecine, qu'une enquête soigneusement faite pendant un certain temps pourrait seulement préciser l'étendue de ces besoins (1).

(1) Alfred Fournier, *Prophylaxie de la syphilis* (*Bulletin de*

La question soulève, d'ailleurs, des problèmes d'ordre financier qu'il ne m'appartient pas de résoudre. Je ne peux que reconnaître, avec l'Académie de médecine, l'indiscutable nécessité d'une augmentation notable du nombre de lits attribués aux vénériens des deux sexes dans nos hôpitaux, sauf étude ultérieure des voies et moyens pour y parvenir.

Mais une question préalable devait faire l'objet de son examen :

Faut-il, ainsi que le réclame M. le professeur Fournier, au nom de la Commission académique, réaliser cette augmentation par la création de nouveaux hôpitaux spéciaux, placés en dehors de la zone d'enceinte, ou, au contraire, par la création de services spéciaux dans les hôpitaux généraux, ainsi que le demandent MM. Strauss et Levraud, qui ne font du reste en cela que se conformer à l'opinion émise par la grande majorité du Conseil municipal à diverses reprises (1)?

Les raisons données par les défenseurs des hôpitaux spéciaux ont été résumées par M. le professeur Alfred Fournier.

l'Académie de médecine, t. XVII, n° 21, séance du 14 juin 1887, p. 631-632 et *Annales d'hygiène publique et de médecine égale,* 1887, t. XVIII, p. 82).

(1) Voir procès-verbal de la séance du 20 décembre 1882 : 1° Proposition Yves Guyot, Hovelacque et autres ; 2° Proposition Cattiaux; 3° Proposition Levraud, Lamouroux et Ernest Hamel.

« Chacun sait, écrit-il, que les services spéciaux ont souvent un public que, par euphémisme, j'appellerai douteux ou mêlé. A côté des gens très honorables, il n'est pas rare d'y rencontrer des mauvais drôles, des débauchés, des dépravés, des habitués des maisons de tolérance, si ce n'est pis encore. Un tel voisinage doit être évité. *A fortiori* doit-il être évité dans les hôpitaux de femmes. Il ne convient pas que l'honnête femme d'un ouvrier, qui est venue se faire traiter à l'hôpital d'une fièvre typhoïde, soit exposée à faire société dans les salles ou dans les promenoirs avec une fille perdue, une rôdeuse de barrières, ou, ce qui est plus dangereux encore et ce qui se rencontre si fréquemment à Lourcine, avec une de ces « embaucheuses » qui pratiquent le recrutement pour les brasseries, les débits de vins, les maisons de passe, etc. (1). »

Cette argumentation n'a pas laissé que de nous étonner de la part d'un praticien qui connaît aussi bien les hôpitaux que M. Fournier. Les dangers qu'il signale comme inhérents à la création des salles spéciales de vénériens dans les hôpitaux généraux, sont le fait même de l'existence de ces établissements, quelles que soient les catégories

(1) Alfred Fournier, *Prophylaxie de la syphilis* (*Bulletin de l'Académie de médecine*, t. XVII et *Annales d'hygiène publique et de médecine légale*, t. XVII, p. 83).

de malades qu'ils reçoivent. Les mauvais sujets, les filles perdues, les proxénètes, pour être plus exposés à la contagion vénérienne, n'en contractent pas moins les mêmes affections, ne sont pas moins sujets aux mêmes accidents que les autres personnes admises dans les services de médecine ou de chirurgie, et leur présence, pour être motivée par une affection différente, n'en est pas moins dangereuse. Si c'est là l'unique motif du maintien des hôpitaux spéciaux, on conviendra qu'il est insuffisant.

L'opinion de M. Fournier est d'ailleurs en formelle contradiction avec celle de l'ancien secrétaire général de l'Assistance publique, M. Brelet, aussi bien placé que lui pour apprécier les dangers moraux de cette promiscuité. Ce fonctionnaire n'a fait aucune difficulté pour reconnaître que « l'Administration ne verrait aucun inconvénient ni à la suppression des hôpitaux spéciaux, ni même à l'admission des malades vénériens dans les salles communes.

« Il craint cependant que cette dernière mesure ne rencontre une certaine hostilité dans une partie au moins du corps médical. Aussi préférerait-il l'organisation de salles spéciales (1). »

Ce système est du reste celui adopté aux Etats-

(1) Commission spéciale de la police des mœurs. (Séance du 20 janvier 1883.)

Unis, ainsi qu'il résulte de la déposition de M. Desmoulins.

« Dans tous les hôpitaux, déclare-t-il, une salle est reservée pour la guérison des vénériens. Interrogés sur les dangers que cette promiscuité peut présenter pour les autres malades, les médecins lui ont répondu qu'ils n'avaient aucune crainte à ce sujet. En prenant certaines précautions, et en assignant aux syphilitiques des limites qu'il leur est défendu de dépasser, les malades ordinaires n'ont rien à redouter d'un semblable voisinage (1). »

La suppression des hôpitaux spéciaux, surtout en ce qui concerne les femmes, est d'ailleurs la conséquence de ce préjugé commun qui attribue un caractère honteux aux maladies vénériennes. Nous n'en voulons d'autre preuve que la répugnance qu'éprouvent les femmes à se présenter à Lourcine, même lorsqu'il s'agit de consultations externes. Ce sentiment est poussé à un tel point que, lorsqu'il y a quelques années, l'administration de l'Assistance publique organisa dans les jardins de cet hôpital des baraquements ayant leur entrée sur la rue Pascal, et leur donna le nom d'hôpital Pascal, afin de bien les différencier de Lourcine ; quand elle organisa également dans ces baraquements un service de consultations

____

(1) Procès-verbaux de la Commission spéciale de la police des mœurs. — Séance du 3 mars 1879, p. 75.

externes, ce fut comme une conspiration d'abs-
tentions. Les malades atteintes d'affections vénériennes ou *communes* préfèrent aller en face à
l'hôpital Cochin, ou même descendre jusqu'à la
Pitié.

En vain Martineau, qui a défendu avec une
rare opiniâtreté l'institution des hôpitaux spéciaux, affirme que « Lourcine est un hôpital libre,
analogue à tous les hôpitaux de la capitale, et
que liberté entière est laissée à la femme d'en
sortir comme d'y rentrer » (1). Lui-même est
forcé de reconnaître le fait que nous venons de
citer.

Il suffit du reste de se reporter au tableau des
consultations externes que nous avons établi (2),
pour constater que, tandis que le chiffre des consultations de vénériens ne s'est jamais élevé à
plus de 4,900 à Lourcine, il a atteint 37,000 au
Midi et dépasse certainement 30,000 à Saint-
Louis, dont le caractère spécial est assez peu indiqué, pour que les femmes n'hésitent pas à aller
solliciter les soins de M. le professeur Fournier
et de ses éminents confrères.

Bon nombre de spécialistes se sont, d'ailleurs,
déclarés en faveur de l'admission des vénériens
dans les hôpitaux généraux. Il suffit de citer

(1) Dr Martineau, *Prostitution clandestine*, Paris, 1885,
p. 147-148.
(2) Voir p. 25.

MM. les docteurs Clerc, Mireur, Jeannel (1), Garin (2). Tous concluent à ce que l'hospitalisation la plus large soit offerte à ces malades, et demandent qu'on fasse disparaître les dernières traces de ces réglements gothiques qui sont encore, en maintes localités, la principale cause du débordement incessant de la syphilis.

Je suis du même avis. J'estime qu'il est indispensable de faciliter le traitement des affections vénériennes, en instituant dans les hôpitaux généraux des services spéciaux, où seront librement reçus les malades qui en sont atteints.

Il ne nous a pas paru possible d'aller plus loin, et de décider, ainsi que le demandaient quelques-uns de nos collègues, que les vénériens seraient librement admis dans tous les services. Non que j'y voie un danger. Mais j'estime qu'il y a tout intérêt, et pour les malades de cette catégorie et pour l'instruction médicale des élèves, à réunir et à confier à des praticiens qui ont fait une étude spéciale de ce genre de maladies, tous ceux dont l'état motive l'admission à l'hôpital.

Sans partager les craintes exagérées des par-

____

(1) J. Jeannel, *De la prostitution dans les grandes villes au dix-neuvième siècle*. Paris, 1874, 3e section.

(2) Garin, *De la police sanitaire et de l'assistance publique dans leurs rapports avec l'extinction des maladies vénériennes*, 1865.

tisans des hôpitaux spéciaux, nous croyons que
cette organisation est, au point de vue de la discipline morale et matérielle de nos hospices, bien
préférable à la promiscuité qui résulterait de la
libre admission proposée.

Un point très délicat reste à examiner :

*L'Administration hospitalière peut-elle être in-
vestie du droit de refuser l'exeat aux malades de
cette catégorie,* tant que les médecins chargés de
ces services spéciaux n'auront pas déclaré que
leur sortie peut être autorisée sans danger pour
la santé publique?

Au point de vue des principes absolus, la question ne nous semble guère contestable. Il est admis, sinon en droit, du moins en fait, que nul
malade atteint d'une affection contagieuse : va-
riole, diphtérie, rougeole, fièvre typhoïde, ne
peut être autorisé à quitter l'hôpital, avant que
la période pendant laquelle il peut communiquer
son mal à autrui ne soit passée. En cas d'épidé-
mie, les individus, même simplement suspects,
sont soumis à un isolement autrement rigoureux
que le simple séjour dans un hôpital où, comme
les vénériens, ils resteraient libres de circuler
par les cours et les jardins, et de recevoir des
visites du dehors.

Les faits malheureusement trop nombreux de
femmes admises à l'hôpital de Lourcine, et en
sortant pour aller faire les jours de fêtes une

« bordée », pendant laquelle elles répandent autour d'elles la contagion syphilitique, faits que nous avons déjà signalés (1), justifieraient amplement cette obligation, si une autre raison, non moins puissante, ne venait nous faire hésiter à accorder un pouvoir aussi absolu à l'Administration hospitalière.

Le but à poursuivre est, avant tout, d'amener les vénériens à se soigner. Or, il ne faut pas oublier qu'il s'agit ici de personnes libres, sur lesquelles nous n'avons d'autre puissance que celle de la raison et de la persuasion, et il convient de prévoir le cas trop général, où la crainte d'être retenues contre leur gré à l'hôpital les empêcherait de s'y présenter et d'y entrer. Si, dans le cas de maladies contagieuses ordinaires, ils acceptent cette obligation parce que le souci de leur existence le leur commande, il s'en faudrait qu'il en fût de même avec une affection dont la plupart d'entre eux — les femmes surtout — ignorent les conséquences, et qui ne leur cause qu'une gêne parfois presque insensible.

Dans ces conditions, il nous paraît bien dangereux de laisser s'établir, dans le public, ce préjugé que les services des vénériens sont des sortes de prisons sanitaires, où l'on risque d'être retenu un temps indéfini, suivant le bon plaisir

____

(1) Voir page 160.

du chef de service. Bien au contraire, convient-il que la douceur du régime, la liberté relative laissée aux malades, et au besoin l'organisation d'ouvroirs ou d'ateliers où les femmes internées trouveront une occupation (1), et même un petit bénéfice, fassent que tous recherchent comme une amélioration à leur situation extérieure l'admission à l'hôpital.

La fermeté, le tact, l'autorité morale des médecins feront beaucoup plus que toutes les mesures coercitives pour amener les vénériens à ne sortir qu'après guérison complète. L'Administration hospitalière devra d'ailleurs étudier le moyen de soustraire les malheureuses femmes qui seraient tentées d'y céder, aux influences néfastes de l'extérieur, et principalement à celle des souteneurs, qui la plupart du temps sont les auteurs réels des sorties anticipées dont nous avons dit les lamentables conséquences, et nous ne doutons pas qu'elle ne parvienne à les trouver.

La création de services spéciaux dans les hôpitaux généraux aura d'ailleurs un autre résultat, excellent au point de vue de l'éducation des jeunes générations médicales.

____

(1) Une tentative en ce sens a été faite à Lourcine et, lors de sa visite à cet hôpital, la Commission sanitaire a pu se rendre compte, par les explications que lui a fournies à ce sujet le regretté Dr Martineau, des services qu'on pouvait attendre de telles institutions.

« Il faut bien en convenir, écrit le professeur Fournier, dans l'état de choses actuel, la syphilis est peu connue des médecins. Elle n'est réellement connue que de ceux, en petit nombre, qui ont été attachés comme internes, externes ou comme stagiaires aux quelques services spéciaux de la capitale, ou de grandes villes de province. Combien d'étudiants achèvent leurs études et leur thèse sans avoir mis le pied dans ces hôpitaux spéciaux, autrement que pour une ou quelques visites de curiosité ! Dans les examens de l'école, combien il est rare que les candidats soient interrogés sur la syphilis ! On évite même cet ordre de questions « spéciales » pour ne pas embarrasser les élèves, voire les bons élèves, qui peuvent avoir fait des études consciencieuses dans les hôpitaux généraux, sans avoir eu l'occasion ou le loisir d'apprendre la syphilis.

« Conséquence : le plus grand nombre des étudiants se lancent dans la pratique en n'emportant des bancs de l'école que des connaissances superficielles, élémentaires, rudimentaires, sur les affections vénériennes en général et la syphilis en particulier.

» Et alors, conséquence de la conséquence, les erreurs pullulent en pratique. C'est là ce qui explique comment on a vu (et les exemples n'en seraient que trop faciles et trop nombreux à citer) des médecins se méprendre sur le chancre, le confondre avec ceci ou cela ; se méprendre sur la plaque muqueuse ou telle autre manifestation spécifique ; confier des enfants dûment syphilitiques à des nourrices saines, ou inversement : juger la syphilis guérie après quelques mois, voire quelques semaines de traitement ; accorder la liberté du mariage à des sujets syphilitiques non guéris ; d'où ces faits si communs de femmes mariées infectées dans le mariage, de fausses couches multiples, d'enfants qui ne naissent que pour mourir ou infecter leurs nourrices (1). »

Et la Commission académique de proposer, pour remédier à ce déplorable état de choses, sur la proposition de son savant rapporteur, d'ouvrir tous les services de vénériens et de vénériennes à tout étudiant en médecine justifiant de seize inscriptions, et d'exiger de tout aspirant au doctorat, avant le dépôt de sa thèse, un certificat de stage de trois mois dans un service de vénériens ou de vénériennes (2).

(1) Alfred Fournier, *Prophylaxie publique de la Syphilis* (*Bulletin de l'Académie de médecine*, séance du 14 juin 1887, 2ᵉ série, t. XVII, p. 635-636 ; *Annales d'hygiène publique et de médecine légale*, 1887, t. XVIII, p. 86.

(2) La Commission académique demande également la libre admission des élèves dans les services de l'asile sanitaire institué à Saint-Lazare, et la nomination au concours d'élèves internes et externes à cet asile et au Dispensaire. Ces conclusions sont du reste identiques à celles de la Commission sanitaire municipale.

La création des services spéciaux dans les hôpitaux généraux facilitera singulièrement cette éducation reconnue aujourd'hui si insuffisante par M. le Dʳ Fournier. La facilité pour les élèves, même non attachés à ces services, de suivre les leçons des maîtres qui en seront chargés, fera plus pour la diffusion de ces connaissances, que la création d'hôpitaux spéciaux, et que l'obligation du stage particulier préconisé par la Commission académique. Non que nous en contestions l'utilité. Mais nous estimons qu'il s'accomplira avec bien plus d'avantages dans les hôpitaux ordinaires que dans des établissements particuliers, et que les élèves qui auront déjà acquis, en suivant les visites de chaque jour, des notions générales de pathologie vénérienne, en tireront un profit bien supérieur.

CHAPITRE II

La création de ces services spéciaux serait encore insuffisante à notre point de vue, si elle n'était accompagnée de l'institution de consultations avec délivrance gratuite de médicaments dans tous les hôpitaux.

C'est encore là une idée qui a été émise depuis plus de dix ans par le Conseil municipal, et à la réalisation de laquelle M. le Dr Bourneville n'a épargné ni ses efforts, ni son temps. Le succès des consultations du Dr Fournier, à Saint-Louis, aurait dû depuis longtemps déterminer l'administration de l'Assistance publique à saisir l'assemblée communale d'un projet ferme. Il n'en est malheureusement rien ; aussi engageons-nous le Conseil municipal à réitérer le vœu que M. le directeur de l'Assistance se résolve enfin à lui faire des propositions à ce sujet.

L'organisation de ces consultations, réduite aux seuls hôpitaux spéciaux, a été étudiée par la Commission académique et voici à quelles conclusions elle aboutit :

« Dans les hôpitaux sépéciaux, la consultation sera faite :

« 1° Pour les malades ne réclamant pas leur admission, par un médecin ou un chirurgien du Bureau central ;

2° Pour les malades réclamant leur admission, par les médecins ou chirurgiens titulaires.

« Les médecins ou chirurgiens du Bureau central délégués à ces fonctions ne pourront les résilier avant cinq années d'exercice (1) ».

Cette division de la consultation, M. le Dr Fournier la motive sur l'impossibilité où se trouve un médecin, après avoir fait une longue visite dans les salles, d'assumer la responsabilité d'une consultation qui peut s'élever à une centaine de malades, ou même (comme à Saint-Louis, par exemple) à deux cents, trois cents et trois cent cinquante malades.

Quant à l'obligation pour le médecin ou le chirurgien chargé de la consultation externe, de conserver ces fonctions pendant cinq ans, la Commission académique a voulu ainsi éviter un

____

(1) Alfred Fournier (*Bulletin de l'Académie de médecine*, 14 juin 1887, t. XVII, p. 633; *Annales d'hygiène publique et de médecine légale*, 1887, t. XVIII, p. 84.)

inconvénient pratique, maintes fois signalé dans les hôpitaux de ce genre. Trop souvent on ne vient faire qu'une apparition éphémère dans les hôpitaux spéciaux, comme pour prendre l'air de la maison, puis on les déserte après un apprentissage sommaire de la spécialité.

« L'intérêt des malades, termine M. Fournier, exige, croyons-nous, un plus long stage dans les hôpitaux en question. »

J'ai cru devoir mentionner cette partie du rapport académique à titre de document et afin d'appeler sur ce point l'attention de l'administration de l'Assistance publique. Mais avec la multiplicité des services spéciaux, organisés comme nous le demandons, dans les hôpitaux généraux, cette division du travail n'aurait de raison d'être que dans certains cas, où la notoriété du chef de service ferait affluer les malades de tous les points de la ville.

Notons, pour mémoire, que la Commission académique réclame, comme nous, la distribution gratuite des médicaments aux vénériens dans tous les hôpitaux indistinctement.

CHAPITRE III

La création des services spéciaux dans les
hôpitaux généraux, et l'institution des consultations externes dans les mêmes établissements,
apporteront certainement une amélioration considérable à l'état de choses actuel. Mais sont-elles
les seules réformes à réclamer? Je ne le crois pas,
et j'estime qu'il y a encore toute une partie de la
population pour laquelle d'autres institutions de
prévoyance sanitaire sont indispensables.

Il suffit de jeter les yeux sur la quatrième page
de n'importe quel journal, pour voir à quel point
s'est développée dans Paris l'industrie des pré-
tendus spécialistes : docteurs de Facultés exoti-
ques ou professeurs de fantaisie, qui exploitent
sans vergogne la crédulité du public, et font
appel à la bourse des malheureux qui n'ont ni le

loisir, ni les moyens de s'adresser aux maîtres de la science.

Les commis, les petits employés, tous ceux que leur maigre budget oblige à de grandes réserves, se trouvent, lorsqu'ils sont atteints d'une maladie vénérienne, en présence de difficultés presque insurmontables. D'une part le préjugé courant, qui attache un caractère honteux à ces affections, les porte à dissimuler à leurs patrons ou à leurs directeurs un mal que quelques soins intelligents suffiraient souvent à guérir. Ils ne peuvent, sans se découvrir, aller à la consultation d'un hôpital, dont l'heure est précisément celle de leur présence au magasin ou au bureau. D'autre part, la question d'argent est mauvaise conseillère.

« C'est tout droit à l'officine du pharmacien, dit M. le Dr Drouineau, qu'on va demander des avis et des remèdes. Dire ce qu'il sort de là de maladies soignées de travers, ce qu'il y a de de diagnostics faux et de pronostics erronés, est difficile ; mais il suffit d'avoir pratiqué la médecine pendant quelque temps pour avoir promptement une idée de ce dévergondage médical, illégal et fâcheux (1). »

A côté de cette officine se trouve le cabinet de consultations prétendues gratuites, ouvert depuis

____

(1) Docteur Drouineau (de la Rochelle). *Revue d'hygiène*, 1884, p. 82.

le matin jusqu'aux heures les plus avancées de la soirée, et d'où le patient, reçu par un domestique en livrée théâtrale, qui l'introduit près de son maître, ne sort, pour la majeure partie des cas, qu'avec une ordonnance dont l'exécution absorbera le montant de toute une semaine de son salaire, et qui quatre-vingt-dix fois sur cent ne comprend que des médicaments inutiles, quand ils ne sont pas dangereux.

Ces établissements louches pullulent dans Paris et leurs victimes se comptent chaque année par milliers. Les mesures coërcitives dirigées contre ces charlatans n'en ont jamais diminué d'un seul le nombre. C'est donc ailleurs qu'il faut chercher les moyens de restreindre et de supprimer leur néfaste influence.

Certains auteurs ont cru les rencontrer dans la création de dispensaires, où les malades qui veulent se soigner chez eux, et le plus secrètement possible, trouveraient gratuitement des soins éclairés, et les médicaments qui leur sont nécessaires.

A Lyon fonctionne depuis plusieurs années un établissement de ce genre. Dans sa déposition devant la Commission municipale de la police des mœurs, M. le Dr Jeannel a fait ressortir combien était faible la dépense nécessitée par la délivrance gratuite des médicaments, et par le service entier de ce dispensaire spécial, proportionnellement aux services qu'il donne sous une habile direction médicale. Il guérit par année 727 malades, et coûte à peine 3,000 francs, ce qui équivaut au point de vue de la prophylaxie des maladies vénériennes à un hôpital de 80 lits, dont les lits seraient occupés toute l'année sans interruption. Or, un hôpital de 80 lits coûterait annuellement 44,000 francs, en calculant le prix de la journée à 1 fr. 50 c. seulement, sans compter l'intérêt d'une somme de 280,000 francs qu'il aurait fallu dépenser pour la construction (à raison de 3,500 francs par lit) (1).

La question est du reste revenue à Paris même, devant la Commission d'hygiène du X⁰ arrondissement. Dans sa séance du 26 juin 1873, cette Commission, à l'unanimité, adoptait les conclusions suivantes du rapport qui lui était présenté par M. le Dr J. Jeannel :

1° Le Conseil d'hygiène est d'avis qu'il y a lieu d'instituer dans le X⁰ arrondissement un dispensaire spécial pour le traitement gratuit des indigents atteints de maladies vénériennes, avec délivrance gratuite des médicaments et des bains.

2° Un pareil dispensaire pouvant rendre, au point de vue de la cure des vénériens des deux

(1) *Procès-verbaux de la Commission spéciale de la police des mœurs*, séance du 11 mars 1879, p. 100.

sexes, les même services qu'un hôpital de 80 lits,
il y aurait lieu de demander à l'Assistance publique une subvention annuelle de 2,000 francs en
argent, destinée à payer les honoraires de deux
médecins qu'elle choisirait elle-même, et les
dépenses accessoires, plus une subvention en
médicaments et en bains s'élevant, aux prix du
tarif hospitalier, à la somme de 1,800 francs.

3° Le budget de la mairie du Xe arrondissement pourvoirait à une dépense annuelle de
1,800 francs pour le loyer d'un local convenable,
et à une dépense, une fois payée, de 2,000 francs
pour frais d'installation.

Cette proposition, qui méritait un séri eux examen, n'a été suivie d'aucun effet. Je le regrette,
et je crois qu'il y aurait le plus grand intérêt à
instituer, sinon dans tous les arrondissements
de Paris, au moins dans un certain nombre
d'entre eux de semblables dispensaires, dont la
direction pourrait être attribuée à des médecins
ou à des chirurgiens du Bureau central des
hôpitaux, et dont l'organisation devrait être déterminée par une commission médicale spéciale,
dont l'avis serait soumis au Conseil municipal.

Deux conditions me paraissent cependant
essentielles pour que ces dispensaires répondent
aux besoins que nous avons indiqués. La première, c'est que les clients ne soient pas réunis
dans une salle commune, mais que, comme à

Lyon, ils soient introduits dans des cabinets séparés, d'où ils passeraient ensuite dans le cabinet du médecin. La seconde, c'est que des consultations aient lieu le soir, à l'heure où les jeunes ouvriers, les commis, les petits employés peuvent en profiter.

Je ne saurais terminer ce chapitre sans protester, au nom de l'hygiène publique, contre la clause absurde encore inscrite dans les règlements de la plupart des sociétés de secours mutuels, et de presque toutes les caisses de prévoyance des chemins de fer, clause qui exclue de la délivrance gratuite des médicaments et des secours qu'elles distribuent, les vénériens. C'est là une disposition antihumaine, qui ne s'explique que par la persistance de ce sentiment d'origine religieuse, que la maladie doit être considérée comme le châtiment d'un acte réprouvé par la loi divine.

Le plus grand obstacle à la prophylaxie des maladies vénériennes, on ne peut se le dissimuler, c'est la difficulté de faire entrer, dans l'esprit de bon nombre de nos concitoyens, que le fait d'avoir contracté une affection syphilitique n'est pas une tache indélébile, qui doit nuire à un excellent fonctionnaire ou à un employé dont le travail ne laisse rien à désirer.

Mais c'est là une considération d'ordre moral que je me contente de signaler, en espérant que l'éducation donnée aux nouvelles générations parviendra enfin à triompher de ce gothique préjugé, qui porte à un si haut degré atteinte à la santé publique.

CINQUIÈME PARTIE

PROTECTION DES FILLES MINEURES

J'ai dit que, bien que me refusant à admettre l'inscription des filles mineures, je ne me dissimulais pas les dangers qu'offrait cette catégorie de prostituées au point de vue de la santé publique. Les moyens de parer à ces dangers formeront la dernière partie de cette étude.

Paris. — Le nombre des filles mineures qui se livrent publiquement à la prostitution est considérable à Paris. Je n'essaierai pas de l'évaluer même d'une façon approximative. Depuis les petites bouquetières de douze à quinze ans qui sollicitent sur les boulevards et dans les quartiers du centre la lubricité des passants, jusqu'aux jeunes raccrocheuses qui pullulent sur les boulevards extérieurs, aux abords des halles et des gares de chemins de fer, et même dans les rues les plus fréquentées, toujours suivies de l'inévitable souteneur, elles forment un contingent considérable parmi la légion des prostituées d'habitude, et rien ne saurait être plus urgent que de mettre un terme à leur inquiétant accroissement.

Jusqu'à présent, et malgré les dénégations, la Préfecture de police n'a pas hésité à inscrire sur ses contrôles un nombre relativement important de ces malheureuses. Le tableau suivant le prouve :

Années.	Mineures inscrites.
1872	280
1873	326
1874	226
1875	272
1876	190
1877	155
1878	173
1879	43
1880	9
1881	137
1882	42
1883	130
1884	322
1885	409
1886	370
1887	276
1888	265

L'âge minimun exigé par la Préfecture de police pour consentir à l'inscription d'une fille mineure a été arbitrairement fixé à seize ans. Mais, des enquêtes faites par nos prédécesseurs, il résulte que maintes fois, soit au moyen de faux papiers, soit par suite de complaisances injustifiables, des filles au-dessous de cet âge ont été mises en carte, et enrégimentées dans les rangs de la prostitution réglée.

Paris n'a d'ailleurs point le monopole des inscriptions de filles mineures.

A Lyon, à Marseille, elles composent une part importante du personnel des maisons de tolérance.

MARSEILLE. — Pour cette ville, M. le Dr Mireur nous fournit des statistiques intéressantes, et des mineures inscrites, et de l'âge auquel elles exercent leur métier.

Voici d'abord le nombre des inscrites de 1876 à 1881 :

Années.	Mineures inscrites.
1876	71
1877	64
1878	48
1879	59
1880	82
1881	67

M. le Dr Mireur a pris note, pour la période décennale 1873-1882, de l'âge de toutes les mineures prostituées qu'il a rencontrées parmi le personnel des maisons de tolérance de Marseille (1). Le résultat de ce travail est inscrit dans le tableau suivant :

Age.	Nombre.
14 ans	1
15 ans	12
16 ans	35
17 ans	56
18 ans	78
19 ans	89
20 ans	103 (2)

DÉPARTEMENTS. — Dans les pièces annexes du beau rapport de M. le sénateur Théophile Roussel, se rencontrent des documents statistiques sur le nombre des mineures inscrites dans chacun de nos départements. J'ai essayé de les résumer dans le tableau suivant, bien qu'ils soient évidemment au-dessous de la réalité. Les éléments qui le composent sont en effet les réponses à la dernière question de l'enquête administrative provoquée par la Commission sénatoriale et confiée à M. le ministre de l'Intérieur, question ainsi formulée : « *Quel est le nombre des mineures inscrites sur les registres de la prostitution, quel est leur âge, quelles sont les causes qui ont amené leur inscription?* Or, ainsi que le faisait très exactement observer M. Jules Simon : « Si vous voulez étudier la prostitution des mineures, c'est dans

(1) Mireur, *La prostitution à Marseille*, 1882.
(2) Dr Mireur, *La prostitution à Marseille*, p. 158.

la prostitution clandestine plutôt que sur les registres de la police qu'il faut chercher (1). »

Mineures inscrites.

Départements.	Nombre.	Observations.
Aisne	12	5 à Laon, 3 à Château-Thierry.
Alpes-Maritimes	8	»
Aube	22	à Troyes, dont une mariée (de 16 à 21 ans).
Aude	2	à Carcassonne.
Bouches-du-Rhône.	26	à Marseille.
Calvados	11	à Caen (de 17 à 21 ans).
Charente	35	à Angoulème.
Charente-Inférieure	10	orphelines de père et de mère (6 élevées dans les orphelinats).
Cher	4	à Bourges.
Corse	6	»
Côte-d'Or	16	à Dijon.
Côtes-du-Nord	1	à Dinan.
Dordogne	7	2 à Bergerac, 5 à Périgueux.
Doubs	47	43 à Besançon, 4 à Montbéliard
Eure	5	1 à Évreux, 4 à Bernay.
Finistère	40	à Brest.
Gard	8	»
Gers	10	à Auch.
Gironde	98	à Bordeaux (17 à 20 ans).
Ille-et-Vilaine	17	à Rennes.
Indre-et-Loire	7	à Tours.
Landes	1	à Mont-de-Marsan.
Loir-et-Cher	4	à Blois.
Loire	17	à Saint-Étienne.
Haute-Loire	3	Le Puy (dont une de 16 ans).
Loire-Inférieure	29	à Nantes.

(1) Théophile Roussel, *Discussion sur le projet de prophylaxie publique dé la syphilis* (*Bulletin de l'Académie de médecine*, 13 mars 1888, 3ᵉ série, t. XIX, p. 388.)

Départements.	Nombre.	Observations.
Loiret...............	33	20 à Orléans, 12 à Montargis.
Maine-et-Loire	4	3 à Angers, 1 à Saumur.
Manche	22	16 à Cherbourg, 5 à Saint-Lô, 1 à Avranches.
Mayenne...........	6	4 à Laval, 2 à Mayenne.
Meurthe-et-Moselle	47	32 à Nancy, 15 à Lunéville.
Meuse..............	10	»
Morbihan	24	à Lorient.
Nièvre.............	7	»
Nord..............	1	4 à Maubeuge, 2 à Douai, 5 à Valenciennes.
Orne..............	3	à Alençon.
Pas-de-Calais.......	11	10 à Boulogne, 1 à Arras.
Puy-de-Dôme	25	20 à Clermont, 5 à Riom (de 16 à 21 ans).
Basses-Pyrénées ...	4	»
Hautes-Pyrénées ..	1	»
Pyrénées-Orientales	8	à Perpignan.
Rhône.............	300	»
Haute-Saône	3	»
Saône-et-Loire....	1	à Mâcon.
Sarthe	17	au Mans.
Seine-Inférieure...	86	37 au Havre, 45 à Rouen, 4 à Elbeuf.
Seine-et-Oise......	29	26 à Versailles, 2 à Rambouillet, 1 à Saint-Germain.
Tarn-et-Garonne...	3	2 à Montauban, 1 à Castel-Sarrazin.
Var...............	15	à Toulon.
Vendée	5	»
Vienne............	17	à Poitiers (1 de 15 ans, 1 de 16 ans, 3 de 17 ans).
Haute-Vienne	5	»
Vosges...........	12	»
Yonne	5	à Joigny.

Ce tableau, je le répète, ne mentionne, pour
57 départements, que le nombre des mineures
« inscrites ». Or, celui des filles appartenant à la

même catégorie, qui se livrent sans contrôle d'aucune sorte à la prostitution, est bien autrement considérable. « Aucune mineure n'est inscrite à Agen, dit le préfet de Lot-et-Garonne, mais nul n'ignore que la prostitution clandestine recrute dans cette catégorie le plus grand nombre de ses victimes, dont la plupart doivent leur perte à la complaisante dépravation de leurs parents. »

A Nantes, où l'enquête n'avait relevé que 29 inscriptions de mineures, ce résultat était accompagné de la note suivante : « Ce relevé est tout à fait invraisemblable. C'est par centaines qu'on devrait y compter les mineures qui se livrent à la prostitution. »

A quels chiffre atteindrait-on, si l'on pouvait supputer d'une façon exacte le nombre des mineures prostituées dans les centres de grande industrie, comme Rouen, Roubaix, Reims, Troyes, où la dépravation, résultat de la promiscuité de l'usine, et surtout de l'insuffisance du salaire, est pour ainsi dire la règle générale ?

Cette promiscuité des mineures, indépendamment des réflexions qu'elle suscite au point de vue de la moralité sociale, mérite d'attirer tout spécialement l'attention. Elle offre en effet des dangers bien plus grands, quant à la santé publique, que celle des adultes. C'est dans cette catégorie que se rencontre en effet, proportionnellement, le nombre le plus considérable de vénériennes et particulièrement de syphilitiques, dans la phase la plus hautement contagieuse de cette dernière maladie.

« Quoique les prostituées de moins de seize ans, a dit M. Théophile Roussel dans son discours à l'Académie de médecine, comptent encore pour une proportion notable dans la prostitution clandestine des pays d'industrie, c'est surtout par des filles de plus de seize ans que s'effectuent la plupart des contaminations syphilitiques imputables à la prostitution clandestine (1). »

Cette constatation, faite également par MM Brouardel et Fournier, est confirmée par l'expérience de tous les auteurs qui se sont préoccupés de cette question :

« En examinant au hasard, écrit M. le docteur Commenge, un certain nombre de dossiers de femmes insoumises reconnues malades au Dispensaire de salubrité, en 1886, et envoyées à Saint-Lazare, j'ai noté l'âge de ces personnes.

» Sur 106 femmes, j'en trouve 76, c'est-à-dire plus des deux tiers, dont l'âge va de quinze à vingt et un ans. »

M. le docteur Maireau, qui étant interne à Saint-Lazare a fait une étude très complète et très concluante des conditions dans lesquelles les

(1) Théophile Roussel, *Prophylaxie publique de la syphilis*, (*Bulletin de l'Académie de médecine*, 13 mars 1888, t. **XIX**, p. 391.)

prostituées d'habitude ont contracté la syphilis, aboutit à des résultats identiques :

Sur 135 malades observées par cet auteur : 13 ont été contaminées avant leur début dans la prostitution.

9 ont eu un chancre induré dans le cours de la première année.

5 ont eu un chancre induré après la première année.

85 ont pour la première fois connu des accidents secondaires dans la première année, 19 dans la seconde, 9 dans la troisième, 3 dans la quatrième, 2 dans la cinquième, 1 dans la sixième et 1 dans la septième.

M. Maireau en conclut avec raison, qu'en général toute prostituée est syphilisée dans l'année qui suit ses débuts dans la prostitution. Or à quel âge ont-ils lieu? Une autre série d'observations du même auteur l'indique :

Sur 172 femmes dont il a recueilli les dépositions : 5 ont débuté à 13 ans, 7 à 14 ans, 11 à 15 ans, 23 à 16 ans, 34 à 17 ans, 29 à 18 ans, 11 à 19 ans et 13 à 20 ans. Soit 133 filles entrées dans la prostitution avant leur majorité, contre 39 qui ont débuté après cette époque.

En rapprochant ces deux séries de chiffres, Maireau formule ainsi le résultat de ses recherches :

« 1° Les prostituées sont d'autant plus dangereuses, au point de vue de la contagion syphilitique, qu'elles sont plus rapprochées de leur début dans la prostitution :

» 2° Les prostituées mineures étant les syphilifères les plus actives, il y a urgence à les soumettre à une surveillance sanitaire (1). »

Le commissaire central de Marseille, M. Dietze, dans un rapport adressé au maire de cette ville, fait des constatations anologues : « Sur 214 toutes jeunes filles, amenées pendant les années 1875 et 1876 au bureau de Mœurs ou à l'hôpital de la Conception, 112 ont été trouvées malades. Un très grand nombre, de quinze à seize ans, avaient déjà été traitées plusieurs fois (2). »

Le tableau suivant des insoumises mineures envoyées à Saint-Lazare, soit en punition, soit à l'infirmerie, de 1883 à 1888, montre dans quelle proportion se rencontrent parmi cette catégorie les vénériennes :

Tableau des insoumises mineures envoyées à Saint-Lazare de 1883 à 1888.

Années.	En punition.	A l'infirmerie.
1883	219	491
1884	277	485
1885	120	496
1886	85	319
1887	50	327
1888	60	224

(1) Dr Maireau, *Syphilis et prostituées*, thèse de doctorat, Paris, 1884.

(2) Dr Fiaux, *Police des mœurs*, Paris, 1888 (Dentu), p. 795.

Je ne veux pas multiplier outre mesure ces chiffres.

SAINT-PÉTERSBOURG. — Je mentionne, à cause de leur intérêt tout spécial, les chiffres recueillis à Saint-Pétersbourg par M. le Dr Ed. Schperk (1), et cela surtout parce qu'ils montrent combien le danger de contagion des filles mineures est considérable, même parmi celles qui sont soumises à une surveillance sanitaire très exacte :

Prostituées **en** *maisons de tolérance à Saint-Pétersbourg.*

AGES.	De 15 à 20 ans.	De 20 à 25 ans.	De 25 à 30 ans.	De 30 à 35 ans.	De 35 à 40 ans.	De 40 à 45 ans.
Nombre......	315	648	305	127	47	26
Syphilitiques .	165	131	41	10	3	1
Rapport......	52 3 %	20.2 %	13 4 %	7.8 %	6.3 %	3.8 %

M. le Dr Schperk a également recherché quelle était, parmi la même catégorie des filles de maison, classées suivant leur âge, pour l'année 1872, la proportion de l'infection syphilitique récente

(1) Ed. Schperk, *Recherches statistiques sur la syphilis dans la population féminine de Saint-Pétersbourg, Annales d'hygiène publique et de médecine légale,* 2ᵉ série, t. **XLIV** et tirage à part.

ou non et du chancre simple, et il a résumé le résultat de ses études dans le tableau suivant :

Proportion de l'infection syphilitique récente ou non et du chancre simple à Saint-Pétersbourg.

PROSTITUÉES EN MAISON.	De 15 à 20 ans.	De 20 à 25 ans.	De 25 à 30 ans.	De 30 à 35 ans.	De 35 à 40 ans.	De 40 à 45 ans.	Au-dessus de 45 ans.	MOYENNE.
Proportion des infections syphilitiques contractées en 1872............	13.3	2.4	0.9	0.7	»	»	»	4.1 %
Proportion des syphilitiques, à quelque date que remonte l'infection..................	52 3	20.2	13.4	7.8	6.2	3.8	»	23.6 %
Proportion des infections par le chancre simple (mou) contractées en 1872..................	45 3	29.4	25 2	27.6	27.6	30.7	30.7	23 %

Sans nous attarder à rechercher les causes de ces différences, je constaterai seulement avec M. le docteur Schperk qu'elles se rencontrent aussi parmi les autres catégories de prostituées.

C'est ainsi que, parmi 219 filles en cartes syphilitiques observées par lui, 114 avaient de 15 à 20 ans (1).

(1) Schperk, *Recherches statistiques sur la syphilis* (*Annales d'hygiène publique et de médecine légale*, t. XLIV, p. 298.)

Je dois signaler, en passant, combien est considérable le nombre des malades parmi le personnel des maisons de tolérance, et quelle illusion est celle des hygiénistes qui croient que ce régime est le meilleur, au point de vue de la santé publique.

Il me faut conclure, et je ne peux que constater avec le docteur Trélat que « la fille mineure est spécialement disposée à contracter la syphilis et qu'elle en est fréquemment atteinte.

« Elle est très spécialement disposée à contracter la vérole : parce qu'elle est jeune, parce qu'elle n'est protégée par aucune inoculation antérieure, et parce qu'elle est maladroite, sans expérience des moyens qui l'empêcheront de recevoir la semence syphilitique dès qu'elle se présentera.

» Elle est très fréquemment atteinte parce que la loi n'a pas d'action sur elle, et que, protégée par l'autorité paternelle en vertu du code civil, elle reste libre de conserver et de propager la syphilis sans nul obstacle (1). »

A ce danger : la fille mineure prostituée, constituant pour une notable, sinon pour la majeure partie, la cause des affections vénériennes dont on connaît les funestes conséquences, quels moyens opposer? C'est là une des parties les plus

____

(1) Trélat, *Discussion sur le projet de prophylaxie publique de la syphilis* (*Bulletin de l'Académie de médecine*, 20 mars 1888, 3ᵉ série, t. XIX).

délicates de ma tâche. Quel système permettra d'arriver à des résultats satisfaisants, aussi bien pour la moralité que pour la santé publiques?

L'inscription des filles mineures étant écartée, pour les motifs indiqués précédemment, où rencontrer, une solution à cette grave question?

M. Théophile Roussel, s'inspirant de l'acte du Parlement anglais du 2 août 1880 (1), l'avait indiquée à la Commission sénatoriale chargée de l'examen de son beau projet de loi sur la *protection des enfants abandonnés, délaissés ou maltraités*. Il demandait qu'une disposition analogue à celle de l'acte anglais fût ajoutée à la loi, et que cette disposition fût ainsi conçue :

« Est assimilée à la mineure délaissée celle qui est rencontrée se livrant à la prostitution ou logeant, résidant ou vivant habituellement avec des prostituées. »

La majorité de la Commission sénatoriale jugea prudent d'écarter de son programme cette question de la prostitution des mineures, digne, suivant elle, de faire l'objet d'un projet de loi spécial. Mais après qu'elle eut connu les résultats de l'enquête administrative dont nous avons plus haut résumé une faible partie, elle adopta à l'una-

(1) Toute mineure logeant, vivant ou résidant avec des prostituées notoires, ou fréquentant leur compagnie, est placée, pour ce fait, sous le régime des écoles industrielles.

nimité un article (art. 3 du projet de loi voté par le Sénat le 10 juillet 1883) ainsi conçu :

Le mineur délaissé est celui que ses parents, tuteurs ou ceux à qui il a été confié, laissent dans un état habituel de mendicité, de vagabondage *ou de prostitution.* »

L'article 5 du même projet de loi donnait la sanction pratique à cette disposition, en stipulant que tout agent de l'autorité qui rencontrerait sur la voie publique un mineur de seize ans, de l'un ou l'autre sexe, dans une des conditions ci-dessus prévues, aurait le droit de le faire conduire devant le juge de paix, qui déciderait s'il devait être placé sous la protection de la loi.

Aussitôt la sentence prononcée, le préfet ou le maire aurait à confier provisoirement la garde du mineur, soit à l'Assistance publique, soit à une association de bienfaisance ou autre établissement de charité, soit à une personne recommandable jusqu'à ce qu'il soit statué sur son sort.

Transmis à la chambre des députés le projet de loi Roussel a été l'objet de deux rapports de MM. Gerville-Réache et Rameau, et par suite de circonstances que je n'ai pas à examiner ici, il lui a été substitué en 1888 un texte nouveau, qui vise spécialement les cas de déchéance de la puissance paternelle et les conditions de protection des mineurs placés avec ou sans l'intervention des parents. Or, deux articles de cette loi peuvent s'appliquer spécialement au cas qui nous occupe et peuvent fournir à l'autorité publique le moyen de parer, au moins en partie, au danger que présente la prostitution des filles mineures.

L'article 1er de la loi du 13 juillet 1889 déclare en effet que :

« Les père et mère et ascendants sont déchus de plein droit de la puissance paternelle. . . . . s'ils sont condamnés deux fois pour excitation habituelle de mineurs à la débauche.

L'art. 2 stipule que :

peuvent être déchus des mêmes droits. . . . . 4º les père et mère condamnés une première fois pour excita_ tion habituelle de mineurs à la débauche — et 6º en dehors de toute condamnation, les père et mère qui, par leur ivrognerie habituelle, leur inconduite notoire et scandaleuse, ou par de mauvais traitements, compromettent soit la santé soit la sécurité, soit la moralité de leurs enfants.

Sans nous faire illusion sur les difficultés que rencontrera, étant donnée la jurisprudence ordinaire des tribunaux correctionnels en matière d'excitation à la débauche, l'application aux mineures prostituées de l'article 1er et du paragraphe 4 de l'art. 2 de la loi du 10 juillet 1888, nous estimons que le paragraphe 6 de l'art. 2 arme suffisamment la puissance publique, pour lui permettre d'envoyer en préservation sanitaire et morale, celles de ces malheureuses qui n'ont pas atteint l'âge de seize ans. C'est une solution très insuffisante sans doute, mais ce serait déjà un progrès de pouvoir les sauver de l'horrible avenir qui leur est réservé.

L'exclusif souci de conserver intacte, même pour ceux qui en sont notoirement indignes, l'autorité paternelle, a été en effet jusqu'à présent l'obstacle le plus considérable à l'application de mesures préventives, quant à la prostitution des filles mineures (1). Le nombre des insoumises arrêtées et rendues à leurs parents est considérable. Il suffit pour en juger de parcourir le tableau suivant :

Nombre des insoumises mineures.

Années.	Arrêtées	Réclamées par leurs parents.	Années.	Arrêtées	Réclamées par leurs parents.
1879...	976	536	1884...	1.240	576
1880...	1.686	760	1885...	1.159	464
1881...	1.159	540	1886...	1.003	366
1882..	1.254	706	1887...	855	340
1883...	1.314	735	1888...	867	380

(1) A cette question : *Quel est l'avis de M. le directeur de l'Assistance publique sur l'opinion émise par M. le sénateur Roussel, en vertu de laquelle les filles mineures prostituées seraient assimilées aux mineures délaissées?* La commission sanitaire a reçu la réponse suivante de M. le docteur Peyron :

« L'Administration ne peut assurer la protection et la direction des mineures prostituées, à moins qu'une loi ne déclare déchus de la puissance paternelle les pères et mères de ces enfants, et ne confie au directeur de l'Assistance publique tout ou partie des droits de tutelle sur ces enfants.

» Toutefois, il importerait qu'il fût donné, du fait de la prostitution des mineures, une définition qui ne donnât prise à aucune équivoque. » — *Questionnaire, 8° question.*

Or, si parmi les parents qui réclament leurs jeunes filles prises en flagrant délit de prostitution, il en est un certain nombre qui ont la ferme volonté de les empêcher, par des bons conseils et par une surveillance sévère, de retomber dans l'abîme d'où elles sont échappées, combien n'usent de leur droit que pour profiter du « travail » de leur enfant, souvent corrompue par eux dès le plus jeune âge, et objet d'une hideuse exploitation que la loi, jusqu'à ces derniers temps, était impuissante à réprimer? Combien se préoccuperont de lui faire donner, si elle est malade, les soins dont elle a bosoin, et l'empêcheront de devenir un permanent danger de contagion pour ceux qu'elle provoquera?

Mais il s'en faut que la loi du 18 juillet 1888 satifasse aux exigences de l'hygiène publique. En fixant à seize ans l'âge jusqu'auquel les mineurs peuvent être soustraits aux fâcheuses influences du milieu où ils ont été élevés, le Sénat a obéi à cette idée que, la responsabilité légale étant applicable à partir de cet âge, les lois ordinaires permettaient de sévir contre les jeunes gens. Or, c'est justement entre seize et vingt ans que les mineures prostituées sont le plus dangereuses, et il est indispensable qu'une nouvelle disposition légale donne à la puissance publique le moyen d'agir contre elles durant cette période, si l'on veut faire cesser ce scandale de l'inscription des mineures, que tous nous sommes unanimes à réprouver.

M. le docteur Théophile Roussel l'a bien compris, et tout en expliquant les motifs qui ont amené le Sénat à l'adopter comme extrême limite de l'âge ou l'individu peut être déclaré irresponsable, il s'est avec infiniment de raison prononcé pour une extension de cette limite à la majorité légale, en ce qui touche les mineures prostituées.

« On doit reconnaître qu'en fait, — disait-il à l'Académie de médecine, — les juges et le jury inclinent à considérer les années de minorité civile qui restent après la seizième année comme constituant, pour le prévenu ou l'accusé, sinon une excuse, du moins une circonstance atténuante qui entraîne une diminution de la peine. Si l'on considère, d'autre part, que la main mise de l'autorité publique sur les mineures prostituées de plus de seize ans, loin d'être une peine, n'est en réalité qu'une mesure de protection, de tutelle et d'éducation, il est permis d'espérer que la Chambre des députés ne refuserait pas d'admettre, dans le projet de loi pendant devant elle, une disposition conciliant, avec l'intérêt de la liberté individuelle, l'intérêt de la santé publique. Cette disposition pourrait être ainsi conçue :

« Toute mineure de plus de seize ans, rencontrée dans un état habituel de prostitution, est

conduite devant le juge de paix qui décide, suivant les circonstances, si elle doit être : soit remise en liberté, soit rendue à ses parents, soit
placée, par les soins de l'Administration, dans
un établissement approprié à sa réformation
morale, soit, à raison de son état de santé, soumise à telles autres mesures qui seraient reconnues nécessaires dans l'intérêt de la santé publique (1). »

Je ne peux que m'associer au vœu exprimé par
l'éminent philanthrope, et engager nos repré-
sentants à compléter leur œuvre en adoptant sa
proposition. D'autant que dans son esprit, comme
dans celui de M. le docteur Roussel, il ne s'agit
nullement d'un régime répressif à imposer aux
prostituées mineures, mais bien d'un traitement
sanitaire et moral, destiné à sauver toutes
celles chez lesquelles il reste encore de bons
sentiments, et j'estime que le nombre en est
plus grand qu'on ne le croit communément.

Pour celles d'entre elles qui sont atteintes soit
de syphilis, soit d'autres maladies vénériennes,
l'adoption du projet Théophile Roussel aurait
pour conséquence de permettre de les retenir
dans un établissement hospitalier, jusqu'à complète guérison, ce qui est impossible aujourd'hui.
Cet établissement qui, à notre avis, ne devrait

(1) Théophile Roussel, *Bulletin de l'Académie de médecine,*
13 mars, 1888, t. XIX, p. 302.

être en aucun cas l'asile sanitaire destiné aux
filles inscrites, pourrait, pour Paris, au moins,
être annexé à la future école de réforme des
« *mineures en état de vagabondage immoral* »
dont **M.** Strauss a depuis longtemps réclamé la
création.

Ce n'est pas, en effet, un médiocre titre pour
le Conseil municipal de Paris, de s'être le premier préoccupé de substituer au régime coercitif
de la maison correctionnelle, un système d'éducation applicable à cette portion de l'enfance, qui
se trouve démoralisée et presque fatalement
menacée d'aller recruter l'armée du crime par la
misère, l'abandon, l'insouciance des parents ou
les mauvais exemples.

Le service des *Moralement abandonnés*, qui,
malgré des imperfections de détail, a déjà donné
tant, et de si heureux résultats, doit être évidemment la base à laquelle se rattacheront dans
l'avenir les établissements ou devront être reçues
et traitées, non comme des prisonnières, mais
comme des personnes susceptibles d'éducation
et de progrès matériel et moral, les mineures
prostituées originaires du département de la
Seine (1).

Je dis originaires de la Seine, car j'estime que
cette charge de recueillir les mineures qui se
livrent habituellement à la prostitution, doit être
équitablement imposée par la loi aux départe-

ments où elles sont nées, et d'où la plupart du temps elles ne se sont échappées que pour venir à Paris chercher une situation faute de laquelle elles sont tombées dans le milieu détestable d'où tout le monde a intérêt à les retirer.

Dans ces conditions, l'effort à faire n'excéderait pas les moyens du Département et de la ville de Paris. D'une statistique donnée par M. Lecour, sur les lieux de naissance des filles inscrites, statistique portant sur les années 1866-1869, il résulte que les originaires de la Seine ne comptent guère que pour 20 0/0. Or, le nombre des prostituées majeures, étant très supérieur à celui des mineures à recueillir, nous sommes convaincus qu'on arriverait facilement à réaliser une tentative qui aurait les plus heureux résultats au point de vue de la santé publique.

Le Conseil général avait du reste été saisi, le 9 juillet 1886, d'une proposition de M. Strauss, tendant à créer à l'école d'Yzeure une troisième section spécialement réservée aux mineures en état de vagabondage immoral. Pour n'avoir pas encore été appliquée, cette proposition n'en est pas moins le point de départ d'une réforme urgente qui formerait l'indispensable complément de nos propositions.

______

(1) C'est aussi l'avis de M. le directeur de l'Assistance publique. Voir aux *pièces annexes* sa réponse à la neuvième question que la Commission lui avait adressée.

CONCLUSIONS

I. — *Des filles inscrites.*

1° Il y a lieu de placer sous la direction d'un office sanitaire spécial, dépendant de la Préfecture de la Seine, tout ce qui concerne la prostitution, considérée exclusivement au point de vue des dangers qu'elle fait courir à la santé publique.

2° L'inscription est maintenue, pour les filles majeures seulement, et à la condition expresse qu'elle soit volontairement acceptée par elles· En aucun cas, elle ne saurait être prononcée d'office.

3° Les seules conditions auxquelles seront soumises les filles inscrites sont : 1° L'acceptation de se soumettre à une visite médicale bihebdomadaire, et 2° l'engagement de se rendre, en cas de maladies vénériennes constatées, à l'asile sanitaire pour y recevoir les soins qu'exige leur état. Les contraventions à ces obligations seront punies de peines de simple police, qui seront fixées par un règlement ultérieur, et que seul pourra prononcer le tribunal compétent.

4° Pour toutes les autres infractions aux lois, décrets ou ordonnances relatives à la police de la rue, les filles inscrites rentreront dans le droit commun, et seront seulement justiciables des tribunaux ordinaires. En aucun cas, elles ne pourront être frappées de peines particulières prononcées administrativement.

5° Les visites sanitaires auront lieu dans des dispensaires spéciaux, placés sur les points de Paris autour desquels seront domiciliées le plus grand nombre de filles inscrites. Les visites auront lieu deux fois par semaine.

Le personnel de chaque dispensaire se composera de médecins et d'élèves en nombre suffisant pour assurer le bien du service, et d'une infirmière. Au médecin seul appartiendra le droit d'apposer sur le livret de visites de chaque fille le timbre qui constate qu'elle a subi la visite et qu'elle n'est atteinte d'aucune maladie contagieuse.

Tout le personnel du dispensaire sera placé sous la direction d'un médecin-inspecteur, chef du service et chargé de veiller à son bon fonctionnement.

Les médecins et les élèves du dispensaire seront nommés au concours.

Un règlement ultérieur fixera le nombre des dispensaires, et la rétribution à accorder au personnel de ces institutions.

6° Les filles inscrites, reconnues atteintes d'une affection vénérienne, devront être dirigées sur l'asile sanitaire spécial, où elles seront internées jusqu'à ce que le médecin traitant reconnaisse qu'elles peuvent être sans danger rendues libres de leurs actions.

Le régime de cet asile devra être absolument celui d'un hôpital. Aucune punition disciplinaire ne devra être imposé aux malades. Au cas où les filles internées se rendraient coupables de délits qualifiés, elles devraient être remises à la justice ordinaire qui, seule, aurait qualité pour statuer sur leur cas.

La direction et l'administration de l'asile sanitaire devront dépendre de l'Assistance publique. Les médecins, élèves internes et externes, appartiendront au personnel hospitalier.

II. — *Organisation du Service sanitaire général.*

7° Les hôpitaux spéciaux seront supprimés. Ils seront remplacés par des services spéciaux établis dans les hôpitaux généraux.

Le régime auquel seront soumis les malades traités dans ces services, devra être exactement le même que celui des autres hospitalisés. Ils devront bénéficier des secours distribués à la sortie, comme les autres malades.

8° Des consultations pour les maladies vénériennes, avec distribution gratuite de médicaments, devront être organisées dans le plus grand nombre d'hôpitaux généraux possible.

9° L'administration de l'Assistance publique est invitée à étudier, dans le plus bref délai possible, un projet d'organisation de dispensaires spéciaux, avec distribution de médicaments. Ces dispensaires devraient être établis dans les quartiers les plus peuplés. Les consultations devraient avoir lieu le soir, de 9 à 11 heures, au moins trois fois par semaine.

III. — *Protection des filles mineures.*

10° Les filles mineures se livrant d'habitude à la prostitution, reconnues atteintes de maladies vénériennes, pourront être internées dans un établissement hospitalier, autre que l'asile sanitaire prévu par l'article 6, et y être retenues jusqu'à complète guérison.

11° Il y a lieu de fonder pour les filles mineures en état de vagabondage immoral, originaires du département de la Seine, un établissement spécial, où elles pourront être retenues jusqu'à leur majorité.

Le régime de cet établissement, qui devra être rattaché au service des Moralement abandonnés, sera celui d'une institution d'éducation professionnelle. La réforme morale et physique des jeunes filles qui y seront internées devra être le but constant à poursuivre. Cet établissement ne devra avoir aucun caractère pénitentiaire.

Une infirmerie spéciale pourra y être annexée, et devra recevoir les filles mineures dont la situation a été prévue à l'article 10.

La commission sanitaire, dont j'ai eu l'honneur
d'être le rapporteur, a soumis au Conseil municipal le vœu suivant :

1º Que le Parlement adopte dans le plus bref délai
possible le projet de loi Roussel, déjà voté par le Sénat,
et qui assimile les mineures prostituées aux mineures
abandonnées ou délaissées ;

2º Qu'il y ajoute la disposition suivante :

« Toute mineure de plus de seize ans, rencontrée dans
un état habituel de prostitution, est conduite devant le
juge de paix, qui décide, suivant les circonstances, si
elle doit être : soit remise en liberté, soit rendue à ses
parents, soit placée, par les soins de l'Administration,
dans un établissement approprié à sa réformation morale, soit, à raison de son état de santé, soumise à telles
autres mesures qui seraient reconnues nécessaires dans
l'intérêt de la santé publique. »

ANNEXES

ANNEXES

I. — Assistance publique à Paris.

QUESTIONNAIRE

QUESTIONS	RÉPONSES.
1o Chiffre des entrées de 1880 à 1885 dans les hôpitaux de Lourcine, du Midi et de Saint-Louis :	
§ 1. Syphilitiques.	Voir tableau, page 25.
§ 2. Autres vénériens.	Voir tableau, page 25.
2o Chiffre des consultations externes dans les mêmes hôpitaux.	Voir tableau, page 26.
3o Est-il gratuitement distribué des médicaments aux malades qui déclarent ne pouvoir entrer à l'hôpital ?	Il n'est distribué gratuitement de médicaments à ces malades qu'à Saint-Louis où existe, d'ailleurs, un service de traitement externe, et à Lourcine. A l'hô-

4º Les vénériens sont-ils admis dans les hôpitaux généraux ?

Les vénériens sont admis dans les hôpitaux généraux, mais dans une proportion relativement minime, et le plus souvent parce que ces malades sont en même temps atteints d'une autre affection.

Voir tableau, page 00.

5º Statistique des syphilitiques dans les services d'accouchement, principalement à la Maternité et à la Clinique. Chiffre des enfants nouveau-nés atteints d'accidents syphilitiques morts à l'hôpital (de 1880 à 1885).

6º Possibilité d'organiser des dispensaires, avec distribution de médicaments, dans un certain nombre d'hôpitaux de Paris.

Cette possibilité existe dans quelques hôpitaux, mais, en général, ces dispensaires seraient difficilement établis, en raison du défaut de locaux disponibles et de l'exiguïté de ceux qu'on pourrait affecter à cette destination.

7º M. le directeur de l'Assistance publique croit-il qu'il n'y aurait pas d'inconvénients à admettre les vénériens dans

Il serait très difficile de distraire des services ordinaires de maladies générales, déjà insuffisants, des salles spéciales pour le traitement des vénériens. La

pital du Midi, il n'en est pas délivré dans ces conditions.

tous les hôpitaux, dans les salles spéciales ?

8º Quel est l'avis de M. le directeur de l'Assistance publique sur l'opinion émise par M. le sénateur Roussel, en vertu de laquelle les filles mineures prostituées seraient assimilées aux mineures délaissées ?

plupart des hôpitaux ne possèdent aucune salle, aucun promenoir séparés, qu'on puisse mettre à la disposition de cette catégorie de malades qu'il est indispensable d'isoler.

D'autre part, les malades ordinaires, surtout les femmes, évitent, et on peut dire redoutent, d'être confondus avec les malades syphilitiques ; admettre ouvertement les vénériens dans tous les hôpitaux, aurait peut-être pour conséquence d'en éloigner les autres malades, ou tout au moins de blesser un sentiment très respectable.

FILLES MINEURES

L'Administration ne peut assurer la protection et la direction des mineures prostituées, à moins qu'une loi ne déclare déchus de leur puissance paternelle les pères et mères de ces enfants, et de confier au directeur de l'Assistance publique tout ou partie des droits de tutelle sur ces enfants. C'est le but du projet de loi soumis au Parlement.

9º Croit-il à la possibilité d'organiser pour ces malheureuses un service analogue à celui des moralement abandonnés, grâce auquel, après avoir passé par une école de réforme, elles pourraient être soustraites au milieu dans lequel elles ont été jetées ?

10º Pense-t-il au moins pouvoir organiser le plus tôt possible un hospice-refuge où pourraient être admises les insoumises mineures malades envoyées actuellement à Saint-Lazare ?

Toutefois il importerait qu'il fût donné, du fait de la prostitution des mineures, une définition qui ne donnât prise à aucune équivoque.

Une fois l'Administration armée des droits de la puissance paternelle, l'organisation de la protection et de la tutelle serait fournie, sans autre difficulté que celle de trouver des ressources financières, par le service des enfants moralement abandonnés, dont elle formerait une section.

Cette création ne pourrait être réalisée que si les moyens financiers en étaient fournis à l'Administration. Il est possible d'étudier l'affectation d'une section de l'école de réforme d'Yzeure, dont l'ouverture est prochaine.

En tout état de cause, l'Administration est autorisée a se prêter à la réalisation des projets autrefois élaborés par MM. Yves Guyot et Fiaux, sur la mise en préservation des mineures débauchées, projets aujourd'hui repris par M. Strauss.

II. — Préfecture de police.

Premier questionnaire. — Période de 1879 à 1885.

QUESTIONS.	RÉPONSES.						
	1879	1880	1881	1882	1883	1884	1885
1º Inscriptions de filles :							
1º Majeures............	259	345	390	452	485	684	890
2º Mineures............	13	9	137	42	130	322	409
Totaux.....	272	354	527	494	615	1.006	1.299
	Au 1er janvier de chaque année.						
2º Nombre de filles inscrites :							
1º En maison de tolérance.......	1.343	1.107	1.057	1.116	1.030	961	913
2º Isolées.................	2.648	2.475	2.403	1.723	1.786	1.956	2.998
Totaux.....	3.991	3.582	3.460	2.839	2.816	2.917	3.911
	Au 1er janvier de chaque année.						
3º Nombre des maisons de tolérance.	123	119	112	104	94	91	81
Population.................	1.343	1.107	1.057	1.116	1.030	961	913

4o Combien de filles arrêtées :
 1o Filles soumises isolées.......... ⎰ 7.735 7.312 3.644 3.410 3.628 4.771 9.772
 2o Filles de maison........ .... ⎱
 3o Insoumises................... 2.105 3.544 2.419 2.725 2.787 2.816 2.989
5o Combien de filles inscrites ont été
    envoyées à Saint-Lazare comme :
 1o Détenues en punition......... 4.666 5.665 2.560 2.353 2.639 3.931 7.996
 2o A l'infirmerie 976 980 758 736 679 614 796

Cette statistique n'existe pas. D'une manière géné-rale, on peut dire que les 9/10 des punitions sont in-férieures à 15 jours.

6o Quelles punitions leur ont été infli-gées administrativement :

 1o Combien de 8 à 15 jours.
 2o Combien dépassant 15 jours.
7o Quel a été pendant cette même pé-riode et par année le chiffre des inscrites disparues............. 1.751 1.935 1.875 1.571 1.640 1.089 2.112

Causes probables de ces disparitions. Décès, mariages, condamnations, retour au travail, départ de Paris, manquements aux visites.

8o Quel a été le chiffre des insoumises envoyées à Saint-Lazare :

QUESTIONS.	RÉPONSES.						
	1879	1880	1881	1881	1883	1884	1884
1º En punition..................	118	167	161	306	376	314	143
2º A l'infirmerie..............	702	1.170	854	996	866	783	904
Indiquer, si possible, dans chacune de ces catégories, le chiffre des filles mineures :							
1º En punition..................	La statistique n'existe pas pour				219	277	120
2º A l'infirmerie..............	ces quatre années.				491	485	496

Nota. — Les insoumises ne sont pas envoyées en punition, mais à la 3e section à titre d'hospitalité.

QUESTIONS.							
9º Combien de filles mineures arrêtées ont été :							
1º Réclamées par leurs parents....	536	760	540	706	735	576	464
2º Mises en liberté..............	427	917	482	506	449	342	286
3º Inscrites administrativement...	Ces chiffres ont été donnés précédemment (voir art. 1er).						

10º Combien de filles :
1º Soumises.
2º Insoumises.

Ont été arrêtées 1 fois, 2 fois, 3 fois, plus de 4 fois la même année......................	Cette statistique ne se fait pas.
11º Combien de filles soumises :	
1º En maison..................	606 542 451 413 298 241 281
2º Isolées....................	370 438 307 323 381 373 516
Et d'insoumises reconnues malades pendant la période 1879-1885...	La statistique des insoumises malades a été donnée précédemment (voir art. 4, § 2, Infirmerie).
12º Chiffre des visites sanitaires (même période)...................	97.935 88.430 79.618 78.529 79.633 82.132 96.174
13º Indiquer si possible, pour les filles inscrites reconnues malades et envoyées comme telles à Saint-Lazare, le chiffre de celles qui ont subi régulièrement les visites sanitaires.	Cette statistique ne se fait pas.
14º Quel règlement applique actuellement la Préfecture de police pour le service des Mœurs ? Est-ce celui de 1843, amendé par M. Gigot, ou y a-t-il été apporté des modifications depuis cette époque ?	Le règlement appliqué est celui de 1843, amendé par M. Gigot et qui porte la date du 15 octobre 1878. Il n'a pas été modifié depuis 1878.

QUESTIONS.	RÉPONSES.
15° L'organisation actuelle du dispensaire de salubrité paraît-elle suffisante à M. le préfet de police ?	Oui.
Trouve-t-il le nombre de médecins suffisant pour assurer le service ?	Les médecins du dispensaire sont au nombre de 24 : 1 médecin en chef, 14 médecins titulaires et 9 médecins adjoints. Ceux ci ne sont pas rétribués, mais collaborent avec les titulaires au service, qui se trouve par suite assuré.
16° Quelles sont les punitions infligées par le commissaire - interrogateur aux contrevenantes ?	La détention à Saint-Lazare pour un temps plus ou moins long : 4, 6, 8, 10, 12, 15 jours.
Causes de ces punitions.	Les infractions aux règlements.
17° M. le Préfet n'estime-t-il pas que certaines punitions infligées aux filles inscrites pour des causes dont la gravité est discutable, comme le fait d'avoir été trouvées sur des emplacements où le parcours leur était interdit, le fait d'avoir laissé flotter un rideau ou placé une	La visite sanitaire est une gêne pour les filles publiques, en ce sens qu'elles craignent toujours d'être retenues pour l'infirmerie. Aussi, beaucoup d'entre elles s'y soustraient et disparaissent. Il est certain que si l'Administration ne punissait que les manquements aux visites, les filles seraient toutes exactes. Mais la Préfecture de police, si elle a à protéger la

lampe à leur fenêtre, etc., n'est pas pour beaucoup dans le chiffre des disparues, et dans celui des abstenantes aux visites, pour le plus grand dommage de la santé publique ?

18º Quel est le règlement actuel de la prison de Saint-Lazare ?

Ne serait-il pas possible de séparer les mineures des majeures à la 2e division et à l'infirmerie ?

santé publique, doit également s'occuper du bon ordre et de la décence dans les rues et maisons. Elle est obligée, par suite, pour donner satisfaction aux plaintes de la population, dont un bon nombre lui parviennent par l'intermédiaire des conseillers municipaux, de débarrasser les points encombrés et de punir les filles qui, malgré les défenses, s'obstinent à y retourner.

Quant à la répression du racolage par la fenêtre, elle ne saurait avoir une action quelconque sur les disparitions, les filles qui font la fenêtre ayant un domicile fixe et ne pouvant, par suite, se soustraire aux recherches.

Les filles soumises malades occupent à l'infirmerie les salles du 1er étage. Les insoumises occupent celles des 2e et 3e étages. Elles sont réparties dans chaque salle, suivant leur âge, et autant que possible les mineures séparées des majeures. Les femmes mariées occupent également deux salles spéciales. Ni les unes ni les autres n'ont de rapports avec les filles inscrites.

QUESTIONS.	RÉPONSES.
19o Régime du dépôt de Saint-Denis; y envoie-t-on des filles mineures ?	Les individus internés dans la maison de répression de Saint-Denis sont de trois catégories :

Les individus internés dans la maison de répression de Saint-Denis sont de trois catégories :

1o Les hospitalisés qui sont des indigents infirmes ayant demandé spontanément leur admission sans avoir été arrêtés pour un délit ;

2o Les individus placés par mesure administrative sont les indigents qui, après avoir été arrêtés pour un délit, sont remis par le parquet à la disposition de l'Administration aux fins d'assistance. Ceux-ci également ne sont transférés dans la maison de répression que sur leur demande formelle ;

3o Les mendiants libérés sont placés d'office dans la maison de répression par application de l'art. 274 du Code pénal.

Les individus âgés de moins de dix-sept ans sont rendus à leurs parents, s'ils n'ont pas de mauvais antécédents. Les jeunes filles mineures sont rendues à leurs parents.

Les individus des deux premières catégories sont

20º Quel a été le chiffre des arrestations de souteneurs de 1880 à 1885 ?

En vertu de quelles dispositions légales ces arrestations sont-elles opérées ?

Les tribunaux ont-ils prononcé des condamnations contre les souteneurs ?

Ont-ils appliqué à quelques-uns d'entre eux la peine accessoire de la relégation ?

21º Quelles mesures M. le préfet de police prend-il contre les maîtres d'hôtel qui favorisent la prostitution, principalement celle des mineures ?

relaxés dès qu'ils en expriment le désir; ceux de la 3e catégorie sont mis en liberté quand ils ont amassé un pécule suffisant.

SOUTENEURS

Il n'y a pas eu d'arrestations de souteneurs avant le 18 janvier 1886.

En vertu de l'article 4 de la loi du 27 mai 1885.

Les tribunaux ont prononcé 102 condamnations de janvier 1886 au 30 juin dernier.

La peine accessoire de la relégation a été appliquée à deux d'entre eux pendant le laps de temps précité.

HOTELS ET MAISONS MEUBLÉS

Les logeurs qui favorisent la prostitution sont poursuivis pour réception de filles de débauche (ordonnance de police du 6 novembre 1778), lorsqu'il s'agit de majeures.

QUESTIONS.	RÉPONSES.
Estime-t-il avoir des pouvoirs suffisants pour agir contre cette catégorie d'individus.	S'il s'agit de mineures, on leur applique l'art. 336 du Code pénal (Excitation de mineures à la débauche).

Les contraventions à l'ordonnance de police du 6 novembre 1778 ne sont passibles que du tribunal de simple police. Les peines prononcées par ce tribunal sont évidemment trop faibles, et il serait désirable que la réception de filles de débauche constituât un délit justiciable de la police correctionnelle, entraînant des amendes plus élevées et de l'emprisonnement.

PROSTITUTION MASCULINE

220 Combien d'arrestations d'antiphysiques par an.................	1878	1880	1881	1882	1883	1884	1885
	165	120	10	81	72	19	105
Sont-ils soumis à une visite médicale ?	Non, sauf sur l'ordre du parquet et dans les affaires d'attentats aux mœurs.						

III. — Préfecture de police.

Deuxième question. — Période de 1886 a 1889 (31 octobre).

QUESTIONS.	RÉPONSES.			
	1886	1887	1888	1889 10 mois.
1° Quel a été le nombre de filles inscrites :				
1° Majeures....................	775	592	442	361
2° Mineures....................	370	276	265	218
Totaux.....	1.145	868	707	579
2° Nombre des filles inscrites au 1er janvier :				
1° En maisons de tolérance..............	914	926	772	691
2° Isolées...................	3.405	3.755	3.819	4.260
Totaux.....	4.319	4.681	4.591	4.951
3° Nombre de maisons de tolérance...........	84	83	74	69
Population................	914	926	772	691

QUESTIONS.	RÉPONSES.			
	1886	1887	1888	1889 10 mois.
4° Combien de filles arrêtées ?				
1° Filles isolées............	14.936	17.791	14.814	13.909
2° Filles de maison.........				
3° Filles insoumises.........	2.707	2.218	1.932	1.995
Totaux.....	17.643	20.009	16.746	15.904
5° Combien de filles inscrites ont été envoyées à Saint-Lazare comme :				
1° Détenues en punition.....	12.136	12.370	10.355	9.457
2° A l'infirmerie...........	679	701	557	568
Totaux.....	12.815	13.071	10.912	10.025
6° Quel a été, pendant la même période et par année, le chiffre des inscrites disparues........	2.283	2.564	1.838	1.624
7° Quel a été le chiffre des insoumises envoyées à Saint-Lazare :				

1o En punition :				
Majeures	8	8	3	»
Mineures	85	50	60	54
2o A l'infirmerie :				
Majeures	454	408	456	450
Mineures	319	327	224	291
Totaux	866	793	743	795
8o Combien de filles mineures arrêtées ont été :				
1o Réclamées par leurs parents	366	340	380	450
2o Mises en liberté	174	173	150	156
3o Placées en correction paternelle	42	29	37	»
4o Placées dans des refuges	51	37	35	43
9o Combien de filles soumises reconnues malades :				
1o En maison	236	236	196	108
2o Isolées	443	465	361	460
Totaux	679	701	557	568
10o Chiffre des visites sanitaires	102.898	103 917	102.488	85 680

IV. — Dispensaire de salubrité.

Le préfet de Police,

Vu l'arrêté des consuls du 12 messidor an VIII ;
Vu l'arrêté du 24 décembre 1810,

Arrête :

Article 1er. — Nul ne pourra, à l'avenir, être nommé aux fonctions de médecin du dispensaire de salubrité s'il ne réunit pas les conditions suivantes :

1° Être Français, âgé de moins de trente-cinq ans.

2° Avoir été admis à concourir ;

3° Avoir subi, avec succès, les épreuves du concours, qui consistent en : une épreuve de titres scientifiques et hospitaliers ; — une épreuve écrite de deux heures sur un sujet relatif aux affections vénériennes et à la gynécologie ; — deux épreuves orales de diagnostic de dix minutes chacune après dix minutes de préparation.

Art. 2. — Le jury du concours sera nommé par le préfet de Police, sur la présentation du doyen de la Faculté de médecine. Il sera choisi parmi les membres des corps scientifiques suivants : les membres de l'Académie de médecine, les professeurs et professeurs agrégés de la

Faculté de médecine, les médecins, les chirurgiens et accoucheurs des hôpitaux, les médecins titulaires de Saint-Lazare.

Art. 3. — Le président du jury sera désigné par l'arrêté de nomination.

Art. 4. — Le jury sera composé de cinq juges et d'un suppléant.

Art. 5. — Tous les médecins du dispensaire cesseront leurs fonctions à l'âge de soixante-cinq ans.

Paris, le 1er mars 1888.

Le préfet de Police : LÉON BOURGEOIS.

V. — Maison de Saint-Lazare.

Situation de la Préfecture de police quant à la maison de Saint-Lazare. — Les rapports de la Préfecture de police avec la maison de Saint-Lazare, ne diffèrent pas de ceux qui se sont établis avec les autres prisons à la suite du décret du 28 juin 1887, lequel soumet les prisons de la Seine aux mêmes conditions d'administration et de contrôle que les établissements similaires des autres départements, notamment en ce qui concerne la désignation du personnel, le mode de réglementation du régime intérieur, etc.

Aux termes de l'article 2 du décret susvisé, le préfet de police conserve les attributions qu'il exerçait précédemment comme tenant lieu des attributions du préfet de la Seine, en ce qui touche les prisons (attributions fixées par la loi et exercées, dans les départements, par un conseiller de préfecture, en vertu d'une délégation du préfet).

Au point de vue des services économiques, la maison de Saint-Lazare a été mise en dehors (comme le Dépôt et la Maison de justice) du système de l'entreprise générale appliqué dans les autres prisons, elle est demeurée en régie, mais sous l'autorité directe du ministre.

Le préfet de Police n'approuve que les dépenses excédant 500 francs et inférieures à 1,000 francs (ainsi que le veut le règlement sur la comptabilité); il connaît des faits qui, suivant la loi et les règlements, doivent lui être soumis, mais il n'administre pas. Le rôle d'administrateur est dévolu au directeur de la 1re circonscription pénitentiaire, lequel traite les affaires avec le ministère, tantôt directement, tantôt par l'intermédiaire du Préfet de police.

Réformes appliquées à la maison de Saint-Lazare. — Depuis un an, la Préfecture de police fait transférer à la maison de Doullens toutes les femmes condamnées à des peines variant de deux mois à un an, au lieu de maintenir ces détenues à Saint-Lazare.

Réformes projetées. — Les femmes condamnées à des peines inférieures à deux mois seront prochainement transférées à la maison de correction de Nanterre (quartier cellulaire).

Par lettres des 17 septembre et 5 novembre 1888, M. le Ministre a consulté M. le Préfet sur un projet consistant dans le transfèrement à Saint-Lazare du service des Mœurs, dans le placement dans ladite maison de toutes les prostituées, mais des prostituées seulement, et dans le maintien au Dépôt de toutes les prévenues.

Par lettre du 16 novembre 1888. M. le Préfet a fait connaître au ministre son avis sur cette question, et a exposé différentes objections à la réalisation du projet.

Situation des médecins de Saint-Lazare. — Ils sont nommés par le ministre et relèvent de lui directement, comme tout le personnel administratif des prisons.

Il est vrai que le Préfet de police, représentant du ministre de l'Intérieur, a autorité sur le personnel pénitentiaire, mais cette autorité ne s'exerce pas d'une manière effective puisque, dans toutes les questions touchant le personnel, la Préfecture est seulement intermédiaire entre le ministre et le directeur de la circonscription.

VI. — Résolutions de l'Académie de médecine touchant la prophylaxie publique de la syphilis.

(Séance du 3 avril 1888.)

I. — L'Académie appelle l'attention de l'autorité sur les développements qu'a pris la provocation sur la voie publique, dans ces dernières années notamment, et en réclame une répression énergique.

II. — Elle estime qu'il y a nécessité manifeste d'assimiler à cette provocation de la rue divers modes non moins dangereux qu'a revêtus, surtout de nos jours, la provocation publique, à savoir : celle des boutiques ; — celle des brasseries dites « à femmes » ; — et, plus particulièrement encore, celle des débits de vins.

III. — Elle signale à l'autorité, d'une façon non moins spéciale, la provocation qui rayonne autour des lycées, des collèges, et qui a pour résultat l'excitation des mineurs à la débauche.

IV. — Ces divers ordres de provocations ayant pour conséquence la dissémination des maladies syphilitiques, l'Académie réclame des pouvoirs publics une loi de police sanitaire réglant et fortifiant l'intervention administrative, en particulier à l'égard des mineures, et permettant d'atteindre la provocation partout où elle se produit.

V. — La sauvegarde de la santé publique exige que les filles se livrant à la prostitution soient soumises à l'inscription et aux visites sanitaires.

VI. — Si l'inscription n'est pas consentie par la fille à laquelle l'Administration l'impose, elle ne pourra être prononcée que par l'autorité judiciaire.

VII. Toute fille qui sera reconnue, après examen médical, affectée d'une maladie vénérienne, sera internée dans un asile sanitaire spécial.

VIII. — Les filles inscrites seront soumises à une visite hebdomadaire, visite complète et de date fixe.

Hospitalisation, traitement.

IX. — Le nombre de lits affectés au traitement des maladies vénériennes est actuellement d'une insuffisance notoire. Il sera augmenté dans la proportion reconnue nécessaire par une enquête ouverte à ce sujet.

X. — Cette augmentation du nombre des lits affectés aux vénériens et aux vénériennes se fera non pas par la création de services spéciaux dans les hôpitaux généraux, mais bien par la création de nouveaux hôpitaux spéciaux.

XI. — Les médicaments propres au traitement des maladies vénériennes seront délivrés gratuitement dans les hôpitaux, hôpitaux spéciaux ou hôpitaux généraux.

XII. — Un service de consultations gratuites, avec délivrance gratuite de médicaments, sera annexé à l'asile sanitaire spécial destiné au traitement des prostituées vénériennes.

XIII. — Dans toute ville de province, tout au moins dans chaque chef-lieu de département, il sera créé un

service spécial pour le traitement des affections vénériennes, et les locaux affectés à ce dit service seront
aménagés suivant toutes les règles de l'hygiène.

Reformes de l'enseignement.

XIV. — Ouvrir librement tous les services de vénériens ou de vénériennes (y compris ceux de Saint-Lazare) à tout étudiant en médecine justifiant de seize
inscriptions.

XV. — Il est désirable qu'on exige de tout aspirant au
doctorat, avant le dépôt de sa thèse, un certificat de
stage dans un service de vénériens ou de vénériennes.

XVI. — Attribuer au concours, et au concours exclusivement, le recrutement de tout le personnel médical
chargé du traitement des vénériennes à Saint-Lazare
(ou dans l'asile hospitalier qui sera substitué à Saint-
Lazare).

XVII. — Attribuer au concours, et au concours exclusivement, le recrutement du personnel médical chargé
du traitement et de la surveillance des filles inscrites au
dispensaire de salubrité publique.

XVIII. — Les membres des jurys des divers concours
dont il vient d'être question seront choisis parmi les
membres des corps scientifiques suivants : les membres
de l'Académie de médecine, les professeurs et agrégés
de la Faculté de médecine, les médecins, chirurgiens et
accoucheurs des hôpitaux, les médecins titulaires de
Saint-Lazare. Le jury sera nommé par le préfet de
police, sur la présentation du doyen de la Faculté de
médecine.

Syphilis dans l'armée et dans la marine.

XIX. — Amener la rigoureuse exécution des règlements militaires, notamment en ce qui concerne les visites de santé, la recherche des foyers de contagion, l'abandon de toute mesure disciplinaire à l'égard des soldats affectés de maladies vénériennes.

XX. — S'efforcer de combattre les progrès incessants de la prostitution clandestine, d'une part en éclairant les soldats sur les dangers de cette prostitution spéciale, et, d'autre part, en réclamant le concours des autorités civiles pour l'assainissement de certains foyers de contamination, soit dans les villes (débits de vins), soit aux alentours des camps.

XXI. — Assurer aux soldats syphilitiques, dont le traitement a été commencé à l'hôpital, la possibilité de continuer à leur corps, et sous la direction des médecins de leur régiment, le traitement ultérieur nécessaire à leur guérison.

XXII. — En ce qui concerne la marine, il est à désirer qu'à bord des bâtiments de guerre une visite médicale de l'équipage soit faite avant l'arrivée dans chaque port, afin d'interdire la communication avec la terre des hommes qui seraient contaminés, toutes les fois que la durée de la traversée rendra cette mesure nécessaire.

XXIII. — Il est absolument essentiel que dans toutes les villes du littoral, notamment dans les grands ports de guerre ou de commerce, un service régulier et rigoureux soit institué pour la surveillance et la visite médicale des prostituées, en vue de prévenir les contaminations que contractent si fréquemment les marins dans les ports de relâche ou de débarquement, et que les filles reconnues malades soient traitées à l'hôpital jusqu'à guérison complète des accidents transmissibles·

VII. — Régime de la prostitution à Vienne (¹).

Monsieur,

Conformément au désir que vous m'avez exprimé par votre lettre du 14 décembre, j'ai l'honneur de vous communiquer les renseignements que j'ai pu recueillir sur place concernant la situation légale et sanitaire de la prostitution à Vienne.

Bien que de tout temps l'antique capitale de l'empire d'Autriche ait eu en abondance des filles publiques de toutes catégories et de toutes espèces, c'est tout récem-

(1) Nous appelons l'attention sur les deux rapports suivants, qu'un de nos plus distingués confrères, M. Kohn-Abrest, a bien voulu nous adresser sur le régime de la prostitution à Vienne et à Buda-Pesth. Bien que nous ne nous associions pas à toutes les idées qui y sont exprimées, ils constituent des documents précieux. Nous adressons à M. Kohn Abrest nos remerciements. On consultera également avec intérêt l'article de M. le Dr Vaquez, la Prostitution et la Syphilis à Vienne (*Bulletin médical*, 5 et 8 février 1888, et le livre de Reuss, *La Prostitution au point de vue de l'hygiène et de l'administration en France et à l'étranger*, p. 519).

ment que des mesures ont été prises pour surveiller d'une façon permanente les prostituées, les soumettre à une réglementation et enfin préserver autant que possible le public de la contagion syphilitique.

Avant 1848, les filles étaient, comme chacun du reste, soumises à l'arbitraire de la police. Lorsqu'une femme de mœurs légères causait du scandale ou s'attirait d'une façon quelconque le courroux de l'autorité, elle était emprisonnée et souvent battue de verges. En cas de récidive on doublait la dose.

Après les événements de 1848, une réunion de médecins débattit les moyens de réglementer la prostitution et de diminuer le péril syphilitique. Un chirurgien fort réputé alors, M. le docteur Kusser, proposa, dans une conférence *ad hoc*, d'introduire à Vienne les maisons de tolérance. Mais le ministère de l'Intérieur s'opposa de la façon la plus absolue à la création de ces établissements qu'il regardait comme étant la preuve d'une complicité de l'État dans l'exercice de la débauche. Depuis cette époque, toutes les tentatives qui ont été faites en vue de la création de maisons de tolérance à Vienne et dans les autres villes de l'empire ont échoué. Les ministres ont changé assez souvent, mais la théorie est restée la même.

Le conseil municipal de Vienne, dont l'autonomie a été consacrée en 1861 lors de l'introduction du système constitutionnel en Autriche, a toujours considéré comme un devoir de réclamer de la part de l'État — seul compétent en cette matière — le règlement de la prostitution publique, la répression de la prostitution clandestine et surtout des mesures pour arrêter la propagation des maladies syphilitiques qui causaient les plus grands ravages parmi la population.

Des commissions (purement consultatives, il est vrai)

furent instituées au sein du conseil municipal, les sommités de l'art médical furent entendues et une correspondance des plus animées s'établit entre la municipalité et le gouvernement général (*Statthalterei*) de la province de la Basse-Autriche dont Vienne, capitale de l'Empire, est aussi le chef-lieu.

Ces démarches eurent enfin pour résultat l'introduction du *carnet de santé (Gesundheitsbüchel)*, qui fut remis aux filles inscrites, et qui doit servir de contrôle pour les visites médicales auxquelles la porteuse du carnet doit se soumettre.

Cette mesure importante date de 1873 ; elle fut sensiblement modifiee en 1879 par la désignation *ex officio* de médecins assermentés, seuls autorisés à visiter les filles et à vérifier leur état de santé. Tout d'abord la fille était libre de s'entendre avec un médecin quelconque dont les attestations faisaient foi. Il n'était pas difficile de prévoir que cette latitude donnerait lieu à de nombreux abus et même à des scandales. Il est arrivé trop souvent que, pour conserver ou acquérir une clientèle fructueuse (les visites n'étant nullement gratuites), des médecins peu scrupuleux délivraient des certificats mensongers, tandis que d'autres faisaient auprès des filles des démarches peu compatibles avec la dignité professionnelle.

C'est donc en 1879 que fut introduit dans sa teneur actuelle le règlement de police qui est en vigueur aujourd'hui et dont je veux esquisser les principales dispositions.

I. INSCRIPTION ET LIVRET DE SANTÉ. — Toute fille se livrant habituellement au métier de la prostitution publique est tenue de se présenter, soit au bureau central de la police (situé au Schollenring), soit dans l'un des dix-sept commissariats de district de la ville de Vienne ou des faubourgs. Au bureau central siège un commissaire de police spécialement chargé de tout ce qui se rapporte à ce qu'on appellerait à Paris le *service des Mœurs*. (Le commissaire chargé de ce département, et qui s'est mis très gracieusement à ma disposition pour les renseignements dont j'avais besoin, est M. Weinbrenner, un des fonctionnaires les plus distingués de la police viennoise.)

Dans les commissariats de district, c'est ordinairement un des employés les plus âgés et les plus expérimentés qui est chargé de ce service.

Lorsque la fille a déclaré vouloir se faire inscrire, l'employé dresse, sur un formulaire imprimé, semblable à celui que j'ai eu l'honneur de vous envoyer le 31 décembre dernier, un procès-verbal d'inscription.

Dans cette pièce est consigné le nom de famille, prénom et *sobriquet* de la fille inscrite, son âge, lieu de naissance, son domicile et la profession qu'elle exerçait précédemment. Un signalement est joint à tous ces détails.

Lorsque ces différentes rubriques ont été remplies, l'employé de police lit à la fille les paragraphes relatifs aux visites sanitaires, et attire son attention sur les peines disciplinaires qu'elle pourrait encourir en ne se conformant pas à toutes les dispositions légales. Afin de bien constater que ces dispositions ont été portées à sa connaissance et qu'elle s'engage à les observer, la fille doit signer le procès-verbal qui, dans le langage administratif, est qualifié de *Verpflichtungs protokoll* (procès-verbal, engagement). Le procès-verbal est joint aux autres pièces de la même nature qui forment un volume dans chacun des commissariats de police. Lorsqu'une fille change de domicile, elle est toujours tenue de prévenir la police de cette mutation, le procès-verbal qui constate son identité et qui constitue son état est transmis au commissariat du district où se trouve son nouveau logement. Un autre « volume » est composé de fiches (*Vormerkeblätter*) où sont consignés les noms et domiciles de la fille avec les observations sur sa conduite et notamment les peines qu'elle encourt.

II. VISITES SANITAIRES. — Lorsque le procès-verbal d'engagement a été signé, la fille reçoit des mains de l'employé de police un *carnet de santé* semblable à celui que je vous ai envoyé le 31 décembre dernier. Sur ce carnet doivent être consignées les visites du médecin, qui se renouvellent *deux fois par semaine*, et au besoin tous les jours. La signature du médecin attestant l'état favorable du sujet constitue pour la fille la liberté d'exercer son métier.

La visite a lieu soit chez le médecin, soit au domicile de la fille. Dans le premier cas, la fille doit payer une redevance de 50 kreutzers (1 fr. 25 c.); dans le second cas, de 2 florins (2 fr. 50 c.) pour chaque visite. Il ne m'appartient pas de me prononcer sur la convenance et la justesse de ce mode de rémunération. Il existe; il forme pour une catégorie de médecins une source abondante de revenus, et les filles semblent trouver cette dépense très naturelle. Celles qui ne voudraient pas s'y astreindre doivent se rendre à l'infirmerie de la prison, et se faire visiter par le médecin des détenus.

Depuis 1879, seuls les médecins attachés au commissariat de police (qui sont ici le service des médecins de l'Assistance publique) sont autorisés à constater par des certificats valables, l'état de leurs *clientes*. Mais comme le nombre de ces médecins est trop petit pour faire face aux exigences réglementaires, la direction de la police s'est réservé le droit de désigner un certain nombre de médecins, pour suppléer et remplacer les praticiens officiels. Les postulants ne manquent pas, et lorsqu'une place est vacante, la police peut choisir parmi une longue liste de candidats. Aucun médecin ne peut avoir plus de soixante *clientes*. Lorsqu'une des filles confiées à ses soins s'est soustraite à la visite réglementaire, il est tenu d'en informer sans retard le commissariat du district.

Lorsque la visite a eu pour résultat de constater une maladie contagieuse, le médecin doit retirer le carnet à la fille, et l'envoyer au commissariat avec une note où il consigne la nature de la maladie, et indique dans lequel des trois hôpitaux de l'État sa cliente doit se rendre.

Il n'existe pas en effet d'hôpital spécial pour les maladies vénériennes, mais chacun des trois hôpitaux : Allgemeines Krankenhaus, Wiedener Spital et Rudolfsstiftung, a des salles dites fermées affectées spécialement aux individus des deux sexes atteints de maladies vénériennes. Lorsque la fille a été considérée comme guérie, le directeur de l'hôpital doit en avertir le commissariat de police du district où la fille a demeuré précédemment, afin que l'employé chargé du service signe l'*exeat*, et rende à la fille le carnet de santé qui lui avait été retiré lorsque la maladie avait été constatée. En même temps, la fille doit déclarer si elle rentre dans son domicile précédent, ou si elle compte en choisir un nouveau.

III. Des contraventions et de la répression de la prostitution clandestine. — Jusqu'au mois de mai 1885, les filles inscrites qui contrevenaient aux règlements étaient exclusivement soumises, quant à la répression, à la juridiction administrative. Un fonctionnaire de la po-

lice délégué à cet effet citait dans son bureau la contre-
venante, ou la faisait amener *manu militari*, et, après
avoir consulté le procès-verbal et écouté d'une part
l'agent, et d'autre part l'inculpée, prononçait une peine
variant de douze heures à quinze jours de prison.

En cas de récidive, la fille qui n'était pas originaire de
Vienne pouvait être renvoyée dans son pays de brigade
en brigade.

Depuis 1885, le Reichsrath a voté une loi spéciale pour
la répression du vagabondage, dont le but est analogue
à celui que poursuivit le législateur français avec la loi
des récidivistes. En vertu du nouveau « *Vagabunden
Gesetz* » les gens sans aveu des deux sexes peuvent être
détenus à l'issue de leur condamnation dans une maison
de correction et de travail forcé, jusqu'à ce qu'une commission *ad hoc* décide qu'ils peuvent être rendus à la
liberté sans péril pour la société. Cependant cette détention ne peut en aucun cas se prolonger au-delà du
terme de trois ans.

Or, les filles publiques inscrites ou non tombent sous
le coup de cette loi.

D'après nos renseignements, la police l'interprète de
cette façon que la fille inscrite qui exerce son métier
sans scandale et qui observe les règlements sanitaires
ne doit pas être inquiétée. A la première contravention
commise par la fille, surtout lorsqu'il ne s'agit que d'un
manquement à la visite, ou de la fréquentation d'en-
droits prohibés, le fonctionnaire de la police lui inflige
comme auparavant une peine de quelques jours de
prison ; ce n'est qu'en cas de récidive qu'elle est traduite
devant les tribunaux qui peuvent la condamner jusqu'à
trois mois de prison — sans préjudice de la détention
dans un établissement correctionnel.

Il faut croire que la menace de cette peine draconienne a exercé sur les filles une salutaire influence, car il appert de la statistique que le nombre des contraventions constatées en 1885 est de 500, contre 2,800 contraventions relevées l'année passée. J'ajouterai aussi que le scandale causé par les filles errantes est bien moindre à présent qu'autrefois, et que sous ce rapport Vienne est vraiment privilégiée, si on la compare à d'autres grandes villes. Non-seulement les filles exercent leur métier avec plus de discrétion et avec des allures moins provocantes qu'à Berlin, à Paris et même à Londres, mais le *souteneur* y est inconnu. On affirme, il est vrai, que la fille viennoise a également son « amant de cœur ».

Mais il est loin de tenir le haut du pavé. Au contraire, il se dissimule, il se cache à tous les yeux. Et en le faisant il agit prudemment, car la nouvelle loi sur le vagabondage le range dans la catégorie des gens sans aveu qui peuvent être relégués dans les maisons de correction.

Les délits pour lesquels les filles publiques sont poursuivies sont principalement le manquement aux visites, le scandale causé sur la voie publique, et même l'attitude provocante aux fenêtres pour provoquer l'attention des passants.

Quant à la prostitution clandestine, elle est étroitement surveillée par les agents de police ordinaire, car le service des mœurs n'existe pas à Vienne. Il est difficile à une fille qui sollicite les passants dans la rue d'échapper à la longue à la surveillance, soit du gardien de la sûreté attaché au quartier et qui se promène toujours dans la même rue, ou des *detectifs* qui y font des rondes nocturnes. Il est vrai que le mouvement n'est pas aussi considérable dans les rues de Vienne que dans celles de Paris, et que la surveillance y est beaucoup plus facile.

Lorsque le fait de prostitution a été dûment constaté, la personne est appelée à la direction de la Police, le commissaire spécial lui fait part des charges relevées contre elle. Si les faits ne sont pas dûment établis, elle se retire, non sans avoir été vertement admonestée et avertie qu'elle serait désormais surveillée de près. Le magistrat lui donne également connaissance du paragraphe du Code pénal qui punit jusqu'à six mois de prison la fille atteinte d'une maladie vénérienne, et qui aura continué malgré cela à cohabiter. Si, au contraire, il est prouvé que la personne citée devant le magistrat se livre habituellement à la débauche, elle est tenue de se faire inscrire et de signer son *procès-verbal d'engagement*. Pour le cas où elle s'y refuserait, elle peut être livrée aux tribunaux et poursuivie en vertu de la loi sur le vagabondage.

La façon la plus efficace de réprimer la prostitution clandestine, me disait un fonctionnaire, consiste chez nous à serrer de très près les proxénètes et entremetteurs (*küppler*) des deux sexes. Sans ces intermédiaires qui sont tous connus de la police et que l'on surveille facilement, la prostitution clandestine ne saurait prospérer. Nous nous servons également des dénonciations le plus souvent anonymes que dictent la jalousie et le dépit.

Statistique sommaire des maladies. — Il résulte des tableaux de statistique que le nombre des filles publiques inscrites à Vienne se montait, le 1er décembre 1885, à 1,530 seulement. Le district le plus favorisé est celui de la ville intérieure, où demeurent 400 filles. La Leopold-stadt vient ensuite avec 403, puis nous tombons à 104 et à 109 dans les faubourgs populeux de Mariahilf et de Meidling. Dans les autres quartiers, le nombre des inscrites varie entre 8 (quartier de Favoriten et Margarethen) et 70 (Wieden). Ce nombre fort petit, étant donné une population de plus d'un million, laisse supposer que la prostitution clandestine doit être exercée dans des proportions dépassant de beaucoup le chiffre des inscrites. Parmi ces filles, 620 sont mineures.

Les statistiques concernant le résultat des visites s'arrêtent à l'année 1883; il y a eu en tout 113,000 certificats délivrés. Le nombre des maladies constatées a été de 346, ce qui équivaut à une malade sur 328 visites. Il y a eu 335 cas d'absence aux visites contre 1,843 cas constatés en 1882 et 2,076 en 1881. Il est probable que le changement survenu dans la direction de la police dans le courant de l'année 1882, a exercé une influence considérable sur la régularité des visites, que, surveillées plus étroitement et punies avec plus de rigueur, les filles songent beaucoup moins à se soustraire aux obligations que leur impose le règlement. Sur 14,936 femmes traitées pour différentes maladies dans les trois hôpitaux de Vienne, Allgemeines Krankenhaus, Wiedener Spital, Rudolfsstiftung, 1,595 ont été traitées pour différentes maladies vénériennes. Sur 23,172 malades hommes traités dans ces mêmes établissements, 3,029 ont été soignés pour des maladies vénériennes.

Je me tiens du reste à votre disposition pour tous les renseignements complémentaires que vous auriez à me demander.

F. Kohn-Abrest.

VIII. — Régime de la prostitution à Buda-Pesth (¹).

Monsieur,

Après avoir recueilli à Vienne les renseignements et documents que vous m'aviez demandés, et qui ont fait l'objet de mon rapport du 18 février 1887, je me suis rendu à Buda-Pesth pour compléter le travail que j'avais entrepris.

J'ai eu la bonne fortune de rencontrer en M. de Tòrôk, préfet de police de la capitale hongroise, l'homme que je pouvais désirer pour l'accomplissement rapide et complet de ma tâche.

M. de Tòrôk m'a exposé, avec une lucidité convaincante et un remarquable talent de parole, les réformes dont il avait pris l'initiative et assuré l'exécution, depuis un an environ qu'il est à la tête de la sûreté publique de la ville de Buda-Pesth.

(1) M. le Dʳ Rozsaffy Alajos, médecin en chef de la police gouvernementale, a fourni à M. le Dʳ Reuss d'utiles renseignements sur la prostitution à Buda-Pesth. Voy. le livre de M. Reuss, page 527 et suiv.

R.

Il va sans dire que le règlement de la prostitution, ou plutôt l'extirpation du scandale permanent qui avait fait autrefois à la belle capitale hongroise une réputation spéciale, avait appelé en première ligne l'attention et la sollicitude de l'éminent magistrat. Avant de prendre possession de ses fonctions, M. de Török avait visité les principales capitales de l'Europe, pour y étudier les principales institutions et règlements de police en vigueur. Il semble avoir rapporté de cette tournée la conviction que, pour réprimer les écarts scandaleux de la prostitution, et pour limiter autant que possible ses suites désastreuses pour la santé publique, il fallait en quelque sorte encourager et protéger la prostitution officielle et contrôlée, pour chasser et réprimer au contraire avec une rigueur draconienne la prostitution clandestine qui échappe à toute surveillance et à toutes précautions.

M. de Török ne partage donc nullement l'aversion des polices de Londres et de Vienne pour les maisons publiques, et celles-ci forment aujourd'hui à Buda-Pesth la base du *mal nécessaire*, tandis que les filles isolées ne forment qu'une exception.

Je vous ai remis, lors de mon dernier séjour à Paris, différents documents dans la langue hongroise, dont le plus volumineux est le règlement complet des maisons publiques de Buda-Pesth, voté par le Conseil municipal et approuvé par le ministère de l'Intérieur (1885). Ce règlement vous fournira toutes les indications au sujet du régime en vigueur dans ces établissements, et des moyens de contrôle de police et de santé dont dispose l'autorité. La Préfecture de police n'accorde pas, tant s'en faut, à chaque demandeur la concession d'une maison publique. Il faut que le candidat, qui presque toujours est une femme, et souvent une prostituée hors de service, jouisse d'une certaine réputation de moralité, et qu'il n'ait pas encouru une condamnation judiciaire ; en outre, lorsqu'une de ces maisons doit être établie, la police s'informe auprès de la municipalité s'il n'y a pas de réclamation de la part des voisins. La police s'efforce de tenir compte autant que possible des objections de ce genre, surtout quand il y a près de l'emplacement désigné une école ou une église. La propriétaire doit également fournir des garanties de solvabilité, qui lui permettent de faire face aux dépenses d'une communauté, qui doit être au minimum de cinq membres, et de vingt au maximum. Lorsque la propriétaire d'un établissement veut engager une nouvelle recrue, elle doit se présenter avec celle-ci à la Préfecture de police. Les parents ou tuteurs de la fille doivent également paraître, et déclarer s'ils sont consentants à ce que leur fille ou pupille embrasse sa nouvelle vocation. S'il n'y a pas de difficulté à l'admission de la part des parents, le fonctionnaire de la police met la fille au courant des obligations auxquelles elle doit se soumettre, et l'informe aussi de ses droits vis-à-vis de sa nouvelle patronne. Le fonctionnaire doit surtout insister sur la nouvelle disposition du règlement, portant que la fille est libre dès qu'elle voudra de quitter l'établissement, et qu'elle ne peut être retenue, comme cela arrive souvent ailleurs, sous prétexte de dettes contractées ; il ne reste à la patronne qu'à poursuivre judiciairement sa débitrice, mais jusqu'à concurrence de 40 florins seulement, tout dette dépassant cette somme n'étant pas reconnue.

La Préfecture de police a le droit absolu de fermer temporairement et définitivement les maisons publiques, et elle ne se prive pas d'en user lorsqu'il y a des raisons sérieuses.

Quant aux filles, elles doivent également se tenir d'une façon décente ; il est interdit de se faire remarquer par des costumes trop voyants, et surtout de provoquer les passants, comme cela se voyait autrefois ; le moindre geste serait puni d'un ou de deux jours de prison. Ces prescriptions sont suivies à la lettre, et ont complètement modifié les allures des rues de Buda-Pesth. Quant à la répression de la prostitution clandestine, les agents chargés de cette tâche délicate ont été avertis par leur chef, qu'ils payeraient toute erreur de personne de leur destitution immédiate ; en revanche, lorsqu'ils sont dans leur droit, le préfet n'hésite pas à les couvrir, quels que soient les protecteurs de la personne justement appréhendée, et malgré la vivacité des clameurs. Lorsque le fait de prostitution clandestine a été dûment relevé à l'égard d'une fille, on lui laisse le choix entre l'inscription d'office et les poursuites judiciaires, conformément à la loi. Elle peut de plus être envoyée dans sa commune d'origine à l'expiration de sa peine.

L'inscription d'une fille sur les registres est précédée de la délivrance d'une feuille d'inscription dont je vous ai remis également trois spécimens, et dont la couleur varie selon que la fille fait partie d'un établissement ou qu'elle demeure seule.

Les visites ont lieu deux fois par semaine, généralement le mardi et le samedi, elles sont confiées exclusivement à des docteurs assermentés et désignés par le médecin en chef de la police. Les livrets visés doivent être apportés au médecin en chef. Celui-ci contrôle une fois tous les deux mois l'ensemble des livrets ; en cas de maladie, la fille est transférée immédiatement dans un des hôpitaux de la ville, où se trouvent des sections spéciales pour les maladies syphilitiques. Le livret de santé est muni de la photographie de la fille à laquelle il ap-

partient, afin d'éviter toute confusion et toute substitution; les médecins ont droit à une rémunération de
50 kreutzers par visite dans les établissements et de
1 florin pour les visites chez les filles qui demeurent
isolement. Après avoir été guérie, la fille doit de nouveau se présenter à la police. Toute contravention au
règlement de santé est punie par voie administrative
de prison jusqu'à 15 jours.

Le système rigoureux inauguré par M. de Török, en
moralisant l'aspect extérieur des rues, a eu aussi des
résultats très appréciables au point de vue de la santé,
aussi bien dans la garnison que parmi la population.
C'est ainsi que le nombre des maladies constatées, qui
était de 4,010 en 1885, est tombé à 3,422 en 1886.

Quant à la campagne dirigée contre la prostitution
clandestine, elle a été couronnée d'un plein succès, et
cependant il n'y a pas eu de scandale causé par des
erreurs de personnes et des malentendus que l'on peut
éviter. Il y a eu surtout d'atteints les proxénètes, dont la
misérable industrie a été complètement ruinée.

KOHN-ABERST.

IX. — Règlement de la police des mœurs à Berlin

[La surveillance de la prostitution a été édictée par le règlement de police du 18 décembre 1850, modifié le 10 octobre 1876 par un arrêté de la présidence de police : *Polizeiliche Vorschiften zur sicherung der Gesundheit, des œffentlichen Ordnung und des offentlichen Anstandes* (Prescriptions de police pour assurer la santé, l'ordre et la moralité publics)]. — R.

Toute personne du sexe féminin placée sous la surveillance de la police pour avoir exercé le métier de la débauche est soumise aux restrictions suivantes :

1º Elle est tenue de se présenter à l'examen médical, et, à cet effet, de se rendre ponctuellement au bureau de police des Mœurs aux heures qui lui sont indiquées :

2º Dès qu'elle aura été reconnue atteinte d'une maladie des organes sexuels, ou en général d'une maladie contagieuse, elle devra se soumettre à entrer dans l'établissement sanitaire qui lui sera indiqué par l'autorité, pour y être traitée jusqu'à sa guérison.

Les articles 3 à 8 prescrivent aux filles publiques de s'habiller d'une manière simple et décente, leur interdisent le port des toilettes « frappantes », de stationner dans les rues, de se montrer en société d'autres prostituées, de fréquenter les promenades publiques, et certaines rues, ainsi que les théâtres, les cirques, *l'établissement Kroll*, le jardin botanique, les musées, les expositions, etc., d'attirer les hommes d'aucune façon, de fumer, de chanter, de nouer aucune relation avec les jeunes gens, les écoliers et les élèves des instituts civils et militaires.

L'art. 9 leur interdit de se montrer sous aucun prétexte à leurs fenêtres ou à celles des maisons étrangères· Leurs fenêtres doivent toujours être fermées et voilées. Il leur est défendu de placer une lampe ou un autre signe quelconque aux fenêtres, et d'attirer les hommes de celles-ci ou de leur porte.

L'art. 10 leur prescrit de donner avis dans les trois jours de leur changement de domicile à la police du quartier qu'elles quittent et de celui qu'elles vont habiter.

L'art. 11 leur défend d'habiter dans le voisinage d'écoles, d'églises, de casernes, ainsi que dans les plainpieds, même sur les cours, ainsi que dans les hôtels, auberges et garnis, et même d'y entrer.

L'art. 12 leur interdit de partager sa demeure, et, en particulier, d'héberger leur loueur (*Inhalter*) pendant qu'elles reçoivent la visite d'hommes.

Les contraventions à cette ordonnance sont punies de peines allant jusqu'à six semaines. Après quoi, le juge peut les remettre à la police provinciale, pour être internées pendant deux ans dans une maison de travail, ou être employées aux travaux publics (balayage).

Berlin, 10 octobre 1876.

X. — Règlement de la ville de Genève concernant les visites sanitaires.

(13 janvier 1885.)

Le service des mœurs dépend à Genève du Bureau de salubrité, organisé par la loi du 27 octobre 1884 ; il est dirigé par le médecin directeur de ce bureau, assisté d'un médecin adjoint. Il fonctionne comme le service de mœurs à Paris et un dispensaire lui est annexé ; c'est le 2 Mars 1885 qu'il lui a été annexé.] R.

Le Conseil d'État,

Vu l'art. 5 de la loi du 27 octobre 1884 sur l'organisation de la compétence du Bureau de salubrité publique :

Sur la proposition du département de justice et police,

Arrête :

D'approuver le règlement suivant concernant les visites sanitaires.

Article premier. — Toutes les femmes publiquement livrées à la prostitution (femmes en maisons et femmes en cartes) sont soumises à des visites sanitaires régulières et obligatoires.

Art. 2. — Les visites ont lieu dans un local spécial que le département de justice et police est autorisé à louer, et dont le loyer est défalqué du produit des recettes du Bureau de salubrité.

Art. 3. — Les visites doivent avoir lieu au moins tous les cinq jours par chaque femme. Il est perçu pour chaque visite et par personne, une finance de deux francs. Le produit net sera versé à la caisse de l'État.

Art. 4. — Il sera tenu un registre contenant la date de la visite, le nom et le domicile de la femme, la finance perçue et les observations du docteur.

Art. 5. — Les visites sont faites par M. le médecin-directeur du Bureau de salubrité, et par M. le médecin-adjoint.

Art. 6. — Le département de justice et police est chargé de prendre les mesures et les arrêtés nécessaires, soit en ce qui concerne la manière dont les visites seront faites, soit en ce qui concerne leur suite et leur résultat.

Certifié conforme :

Le Chancelier, Ch. CHALUMEAU.

XI. — Arrêté de la ville de Berne contre le racolage par les femmes sur la voie publique.

(10 juillet 1885.)

Le Conseil municipal de la ville de Berne,
Vu, etc.,

Arrête :

Article premier. — Les femmes qui sous les arcades, dans les ruelles, les rues et les promenades, *tendent à provoquer des hommes à la débauche, au moyen de paroles, de signes ou même par une conduite qui attire l'attention*, doivent être signalées à l'inspecteur de police qui les avertira tout d'abord.

Art. 2. — Les femmes qui se laisseront de nouveau surprendre à pratiquer de semblables manœuvres seront mises en état d'arrestation et passibles de la réclusion jusqu'à trois jours ; à cette réclusion pourra être jointe une amende de 200 francs au minimum.

Art. 3. — L'inspecteur de police fixera la peine à leur infliger ; elles la subiront immédiatement pour autant qu'elles seront consentantes. Dans le cas contraire, elles seront renvoyées au procureur général, auquel seront transmises les pièces qui doivent servir au juge de police.

Dans le cas où une femme est ainsi renvoyée, un procès-verbal de la décision de l'inspecteur doit toujours être joint aux pièces.

Art. 4. — Après avoir subi leur peine, les femmes étrangères à la Suisse ou au canton seront remises au procureur général pour être reconduites à leur lieu d'origine ou simplement expulsées par la police.

Art. 5. — Les femmes arrêtées seront soumises à la visite médicale, et envoyées à l'hôpital si on les trouve atteintes de maladies vénériennes.

Art. 6. — L'inspecteur de police tiendra une liste des femmes averties ou mises en état d'arrestation.

Il y inscrira tout le personnel de la prostitution, la date de l'avertissement ou de l'arrestation, le nom de l'agent de police, les peines infligées, les cas de maladies et les renvois devant le juge.

Art. 7. — Les peines édictées par l'art. 2 s'appliquent également aux personnes qui favorisent les agissements définis à l'article 1er, soit en faisant le guet, soit de toute autre manière.

Art. 8. — Les personnes qui auront été frappées plusieurs fois de peines disciplinaires pour les actes prévus par le présent arrêté, pourront aux termes de l'art. 4, alinéa 2, de la loi du 11 mai 1884, être placées, par voie administrative, dans une maison de travail.

Art. 9. — Cet arrêté entrera en vigueur aussitôt que la sanction du Conseil d'État aura été obtenue.

Berne, 22 juin-8-juillet 1885.

Le Conseil d'État a donné, le 8 juillet 1885, sa sanction à cet arrêté.

XII. — **Bill déposé par le marquis Hartington**

à la séance de la Chambre des Communes.

(9 juillet 1883.)

Art. 1er. — Le présent acte peut être désigné sous le nom d'*acte de 1883 sur la détention dans les hôpitaux.*

Art. 2. — Le chef du service médical d'un hôpital cer_tifié (1) situé dans les limites du présent acte a le pou-

(1) On a donné en Angleterre le nom d'*hôpitaux certifiés* aux établissements ou parties d'établissements hospitaliers désignés par l'amirauté ou le ministre de la guerre pour recevoir les femmes trouvées atteintes de maladies conta-gieuses (vénériennes ou syphilitiques) lors de la visite sani-taire dans les districts soumis au régime des actes, sur les maladies contagieuses. Ces hôpitaux sont placés sous la sur-veillance et la direction de personnes que l'Amirauté ou le ministre de la Guerre nomment à cet effet, et ils sont munis d'un certificat écrit attestant leur destination. De là leur quali-fication d'hôpitaux certifiés. L'acte de 1883 ne s'applique qu'aux dix-neuf districts antérieurement soumis aux actes de 1866 et de 1869. Ces districts sont ceux d'Aldersbot, Canterbury, Chatham, Colchester, Douvres, Gravesend, Maidstone, Ply-mouth et Devenport, Portsmouth, Sheernees, Shorncliffe, Southampton, Winchester, Windsor, Woolwich, The Cur-ragh, Cork et Queenstown.

voir de garder dans cet hôpital toute femme s'y trouvant, qui est affectée d'une maladie contagieuse à laquelle s'applique le présent acte ; elle y sera détenue jusqu'à ce que le susdit chef atteste qu'elle est en état d'être mise en liberté ; mais si une femme détenue dans un hôpital estime qu'elle remplit les conditions requises pour être libérée, et que le chef du service médical refuse de lui faire droit, elle sera, sur sa requête, citée à comparaître devant un juge qui, s'il est suffisamment convaincu qu'elle est débarrassée de toute maladie contagieuse, ordonnera sa sortie de l'hôpital certifié, et cet ordre aura le même effet que le certificat du chef du service médical.

Art. 3. — Si une femme atteinte d'une maladie contagieuse à laquelle s'applique cet acte, abandonne un hôpital certifié situé dans les limites du présent acte avant que le médecin en chef ait attesté qu'elle est en état d'être renvoyée, *cette femme pourra être appréhendée au corps, sans mandat d'arrêt,* par toute personne autorisée par un ordre écrit de la main du chef du service médical, et lorsqu'elle aura été arrêtée, elle pourra être réintégrée à l'hôpital et gardée jusqu'à ce qu'elle soit libérée conformément aux dispositions du présent acte.

Art. 4. — Toute femme qui a été en traitement médical dans un hôpital certifié situé dans les limites du présent acte, aura droit, après sa libération, à être transportée gratuitement, et sans frais pour elle à son lieu de domicile habituel, si ce lieu est situé dans les limites du présent acte, ou à dix milles au delà des limites de la station où se trouve l'hôpital certifié.

Art. 5. — Lorsqu'une femme est emprisonnée pour un terme n'excédant pas six mois, en suite d'un délit commis dans les limites du présent acte, et qu'à l'expiration de sa réclusion, cette femme est reconnue atteinte d'une

maladie contagieuse, à laquelle s'applique ledit acte,
elle peut être transférée, par ordre d'un juge, membre
du comité de visite, dans un hôpital certifié, situé dans
les limites du présent acte, et y être détenue jusqu'à ce
qu'elle soit libérée conformément aux dispositions dudit
acte.

Art. 10. — L'expression « maladie contagieuse » si-
gnifie maladie vénérienne, y compris la gonorrhée.

XIII.   Criminal Law Amendement Act.

48 et 49 Vict.

CHAPITRE LXIX

A. D. 1888. — ACTE DESTINÉ A AUGMENTER LA PROTECTION DES FEMMES ET DES JEUNES FILLES, A SUPPRIMER LES BRO-THELS, ETC.

(13 aout 1885.)

Au nom de sa majesté la Reine, de l'avis et du consentement des lords spirituels et temporels et des communes, assemblés dans le présent Parlement et par leur autorité, il a été décidé ce qui suit :

Article premier. — Le présent *Act* pourra être désigné sous le titre de *Criminal law amendement act*, 1885 (acte d'amendement à la loi criminelle, 1885).

TITRE PREMIER

Protection des femmes et des jeunes filles.

Art. 2. — Quiconque :

1º Engage ou essaye d'engager une fille ou une femme âgée de moins de vingt et un ans, qui n'est pas prostituée ou d'une immoralité notoire, à avoir un rapport sexuel illégal avec une ou plusieurs per-

Procuration d'une femme pour avoir des rapports sexuels illégaux.

sonnes, dans les possessions de la Reine ou au dehors ; ou

Procuration d'une femme pour être une prostituée commune.

2° Engage ou essaye d'engager une femme ou une fille à devenir prostituée commune, dans les possessions de la Reine, ou au dehors ; ou

Procuration d'une femme pour entrer dans un brothel à l'étranger.

3° Engage ou essaye d'engager une femme ou une fille, à quitter le Royaume-Uni, dans le but de devenir dans quel lieu que ce soit, l'habitante d'un *brothel;* ou

Procuration d'une femme pour entrer dans un brothel pour s'y prostituer.

4° Engage ou essaye d'engager une femme ou une fille à quitter son lieu de séjour habituel dans le royaume (ce lieu n'étant pas un *brothel*), dans le but de devenir, pour y exercer la prostitution, l'habitante d'un *brothel* dans les possessions de la Reine ou au dehors,

Sera coupable de *misdemeanor* (délit), et s'il en est convaincu, sera passible de l'emprisonnement pour un terme qui ne pourra excéder deux ans, avec ou sans travail forcé, au jugement de la cour.

Témoignage confirmatif nécessaire.

Il est admis que nul ne pourra être convaincu d'un délit mentionné dans cet article, sur la déposition d'un témoin, sans que cette déposition ne soit corroborée dans quelque circonstance matérielle par un témoignage chargeant l'accusé.

Art. 3. — Quiconque :

Procuration pour rapports sexuels illégaux.

1° Par menace ou intimidation, tente d'amener une femme ou une fille à avoir un rapport sexuel illégal dans les possessions de la Reine ou au dehors ; ou

Procuration

2° Par faux prétextes ou autres moyens

frauduleux, engage une femme ou une fille qui n'est pas prostituée, ou d'une immoralité notoire, à avoir un rapport sexuel illégal dans les possessions de la Reine ou au dehors ; ou

par faux prétex-tes. etc.

3º Emploie, administre ou fait prendre par une femme ou fille une drogue, une matière ou une chose quelconque dans le but de la stupéfier ou de la maîtriser afin de pouvoir avoir un rapport sexuel avec cette femme ou fille.

Administration de drogues ou autres boissons dans un but immoral.

Sera coupable de *mis demeanor*, et s'il est convaincu, sera, au jugement de la cour, passible de l'emprisonnement pour un terme qui ne pourra excéder deux ans, avec ou sans travail forcé.

Il est admis que nul ne pourra être convaincu d'un délit mentionné dans cet article, sur la déposition d'un seul témoin, sans que cette déposition ne soit corroborée dans quelque circonstance matérielle par un témoignage chargeant l'accusé.

Art. 4. — Quiconque, illégalement et charnellement, connait une jeune fille âgée de moins de treize ans, sera coupable de *felony* (crime), et s'il en est convaincu sera, au jugement de la cour, passible de la servitude pénale à perpétuité, ou pour un terme qui ne peut être inférieur à cinq années, ou sera passible d'un emprisonnement de deux ans au maximum, avec ou sans travail forcé.

Souillure d'une jeune fille de treize ans.

Quiconque tente de connaître illégalement et charnellement une jeune fille âgée de moins de treize ans, sera coupable de

L'enfant coupa-
ble de souillure
peut être fouetté,
et envoyé dans
une *réformatory*.

délit, et s'il en est convaincu, sera passible d'un emprisonnement de deux ans au maximum, avec ou sans travail forcé, au jugement de la cour.

Il est admis que, dans le cas où l'âge du délinquant n'excède pas seize ans, la cour peut, au lieu de le condamner à un emprisonnement, ordonner qu'il subisse la peine du fouet, comme cela est prescrit par l'*Act* de la vingt-cinquième et de la vingt-sixième année du règne de Victoria, chapitre VIII : ainsi intitulé : Acte pour amender la loi sur la peine du fouet pour les jeunes gens et au_ tres délinquants», et ledit *act* sera appliqué, autant que les circonstances le permettent, comme si le délinquant avait été convaincu en la forme mentionnée dans l'*Act;* et si eu égard à son âge, et à toutes les circonstances du cas, cela paraissait opportun, la cour pourrait, outre la peine du fouet, ordonner l'envoi du délinquant dans une école de réforme certifiée, afin d'y être détenu pendant un laps de temps qui ne pourra être moindre de deux ans, ni excéder cinq ans.

La cour peut aussi ordonner que le délinquant soit incarcéré pendant sept jours, au maximum, avant d'être envoyé dans ladite école de réforme.

Le témoignage
d'un enfant ne
peut pas être re-
jeté, parce qu'il
ne peut pas être
assermenté.

Lorsque dans une œuvre de la nature de celles mentionnées dans le présent article, la fille envers laquelle l'offense a été commise, ou tout autre enfant d'un âge tendre, est citée comme témoin, quand elle ne doit pas, dans l'opinion de la cour ou des juges,

comprendre la portée d'un serment, le témoignage de ladite fille ou desdits enfants
d'un âge tendre peut être reçu, quoique
non donné sous serment, si dans l'opinion
de la Cour ou des juges, selon le cas, cette
fille ou ces enfants d'âge tendre sont doués
d'une intelligence suffisante pour justifier
la réception de leur témoignage, et pour
qu'ils comprennent le devoir de dire la vérité ! Il est admis qu'aucune personne ne
pourra être convaincue d'un semblable
délit à moins que le témoignage admis, en
vertu du présent article et donné en faveur
de la poursuite, ne soit corroboré par
quelque autre témoignage matériel à l'appui
chargeant l'accusé. Il est admis aussi que
tout témoin dont la déposition a été reçue
aux termes du présent article, sera passible
de poursuites et d'une pénalité pour faux
serment dans tous les cas, comme s'il (ou
elle) avait été assermenté.

Attendu que des doutes ont été émis
lorsqu'il s'agit de savoir si un homme, qui
induit une femme mariée à avoir un rapport sexuel avec lui, en se faisant passer
pour son mari, est ou non coupable de
viol (*rape*), il est arrêté et déclaré que tout
délinquant de cette nature sera considéré
comme coupable de viol.

Art. 5. — Quiconque :

1º Connaît ou tente de connaître illégalement et charnellement une jeune fille de
treize ans et au-dessus, et de moins de
seize ans ; ou

Souillure d'une
jeune fil e entre
treize et seize ans.

Souillure d'une idiote ou imbécile.

2° Connaît ou tente de connaître illégalement une femme ou une fille idiote ou imbécile dans des circonstances qui ne constituent pas un viol, mais qui prouvent que le délinquant savait, au moment de la perpétration de l'acte, que la femme ou la fille était idiote ou imbécile.

Sera, au jugement de la cour, coupable de *misdemeanor*, et s'il en est convaincu, sera passible de l'emprisonnement pour un terme n'excédant pas deux ans, avec ou sans travail forcé.

Il est admis que ce sera une excuse suffisante, au sujet du paragraphe 1er du présent article, si l'on démontre à la cour ou au jury nanti de la plainte, que la personne accusée avait des raisons plausibles de croire que la jeune fille était âgée de seize ans au plus.

Les poursuites doivent être commencées dans les trois mois.

Il est aussi admis qu'aucune poursuite ne peut être commencée, pour le délit prévu au paragraphe 1er du présent article, lorsque plus de trois mois se seront écoulés depuis la consommation de l'acte.

Maître de maisons, et permettant la souillure de filles au-dessous de treize ans, déclarées coupables de *félony*.

Art. 6. — Quiconque, propriétaire ou occupant un local, ou agissant ou assistant dans son administration ou son contrôle, permet ou souffre sciemment qu'une fille de l'âge mentionné dans le présent article fréquente ou réside dans de pareils locaux en vue d'avoir des relations charnelles illicites avec un homme, que ces relations charnelles aient lieu avec un seul ou avec plusieurs hommes :

1º Sera, si la jeune fille est âgée de moins de treize ans, coupable de *felony*, et s'il en est convaincu sera passible, au jugement de la cour, de la servitude pénale pour la vie ou pour un terme non inférieur à cinq années ou d'un emprisonnement de deux ans au plus, avec ou sans travail forcé.

2º Si la jeune fille a plus de treize ans, et moins de seize ans,

Entre treize et seize ans, coupable de *misdemeanor*.

Sera coupable de *misdemeanor*, et s'il en est convaincu, sera passible, au jugement de la cour, de l'emprisonnement pour un terme n'excédant pas deux ans, avec ou sans le travail forcé.

Il est admis que ce sera une excuse suffisante, au sujet de l'accusation visée dans cet article, si l'on démontre à la cour ou au jury nanti de la plainte, que la personne accusée avait des raisons plausibles de croire que la jeune fille avait seize ans ou plus.

Art. 7. — Quiconque enlève, contre la volonté de son père ou de sa mère, ou de toute autre personne ayant pouvoir légal sur elle, une jeune fille non mariée âgée de moins de dix-huit ans, dans le but de lui faire avoir des rapports charnels avec un homme, que de pareils rapports aient lieu avec un seul ou avec plusieurs hommes, sera coupable de *misdemeanor*, et s'il en est convaincu, sera passible, au jugement de la cour, de l'emprisonnement pour un terme n'excédant pas deux ans, avec ou sans travail forcé.

Enlèvement d'une fille de moins de dix-huit ans, dans le but d'avoir des rapports charnels.

Il est admis que ce sera une excuse suffisante au sujet de l'accusation visée dans cet article, si l'on démontre à la cour ou au jury, que la personne accusée avait des raisons plausibles de croire que la fille avait dix-huit ans ou plus.

Art. 8. — Quiconque détient une femme ou fille, contre sa volonté :

1º Dans de pareils locaux, en vue de lui faire avoir des rapports charnels avec un homme, que ce soit avec un seul ou avec plusieurs hommes ; ou

2º Dans un *brothel*,

sera coupable de *misdemeanor*, et s'il en est convaincu, sera passible, au jugement de la cour, de l'emprisonnement pour un terme n'excédant pas deux ans, avec ou sans travail forcé.

Lorsqu'une femme ou fille est dans un tel local en vue d'avoir des relations sexuelles illégales, ou dans un *brothel*, sera supposé tenir cette femme ou fille dans ce local ou dans ce *brothel*, quiconque, en vue de la contraindre ou de l'engager à y rester, retient ses vêtements ou d'autres objets lui appartenant, ou quiconque, ayant prêté ou fourni d'une autre manière, ou fait prêter ou fournir des vêtements à cette femme ou fille, la menace de poursuites légales si elle emporte avec elle les vêtements ainsi prêtés ou fournis.

Aucune poursuite légale, soit civile, soit criminelle, ne pourra être intentée contre une telle femme pour avoir emporté ou

pour être trouvée en possession des vêtements nécessaires pour lui permettre de
quitter un pareil local ou un *brothel.*

Art. 9. — Si dans la poursuite pour rapt
ou pour toute autre offense qualifiée *felony*
par l'art. 4 du présent *act,* le jury estime
que le prévenu est coupable d'une offense
visée aux articles 3, 4 ou 5 dudit *act,* ou
d'un attentat aux mœurs *(indecent assault),*
mais non du crime *(felony)* pour lequel il
est poursuivi, ou de la tentative de le commettre, alors et dans tous les cas de ce
genre le jury peut acquitter le prévenu au
sujet du crime *(felony)* et le déclarer coupable d'une offense comme il est dit ci-
dessus, ou d'un *indecent assault,* et alors le
prévenu sera passible d'une punition pareille
à celle qu'il encourrait s'il avait été l'objet
de poursuites pour l'offense susdite, soit
pour *misdemeanor,* soit pour *indecent assault.*

Pouvoir, sur poursuites pour rapt, de décider la culpabilité, pour indecent assault.

Art. 10. — Si le juge de paix est convaincu, à la suite d'une dénonciation faite
devant lui sous serment, par le père, la
mère, un parent collatéral ou par le tuteur
d'une femme ou jeune fille, ou par toute
personne qui. dans son opinion, agit *bona
fide* dans l'intérêt de la femme ou jeune
fille, qu'il a des raisons plausibles de soup-
çonner que cette. femme ou fille est illégalement détenue dans un but immoral, pour
une personne quelconque, dans un lieu dépendant de sa juridiction, il pourra déli-
vrer un mandat autorisant le porteur à rechercher, et lorsqu'il l'aura trouvée, à

Pouvoir de re-cherche.

amener et à détenir en sûreté ladite femme ou fille jusqu'à ce qu'elle puisse être traduite devant le juge de paix, et le juge devant lequel ladite femme ou fille sera traduite pourra la faire livrer à ses parents ou gardiens, sinon il agira selon que les circonstances le permettront ou le requerront.

Le juge de paix qui délivre un pareil mandat peut, par ce même mandat, ou par un autre, faire arrêter et traduire devant la justice toute personne accusée de retenir ainsi illégalement la femme ou fille, et faire punir cette personne suivant les termes de la loi.

Une femme ou fille sera supposée être détenue illégalement, pour un but immoral, si elle est retenue en vue de relations sexuelles illégales, que ce soit avec un ou avec plusieurs hommes, et

a.) Qu'elle ait moins de seize ans; ou

b.) Que si elle a seize ans ou plus, mais moins de dix-huit ans, elle soit ainsi retenue contre sa volonté, ou contre la volonté de son père, de sa mère, ou de toute autre personne ayant pouvoir légal sur elle; ou

c.) Qu'ayant dix-huit ans ou plus, elle soit ainsi détenue contre sa volonté.

Toute personne autorisée par mandat, aux termes du présent article, à rechercher une femme ou une fille détenue comme il est dit ci-dessus, peut entrer (au besoin par la force) dans toute maison, édifice ou lieu spécifié dans le mandat, et peut en retirer ladite fille ou femme.

Il est toujours entendu que tout mandat mentionné dans le présent article doit être adressé et mis à exécution par un inspecteur ou un officier de police, qui sera accompagné par le père, la mère, un parent, le tuteur ou la personne faisant les poursuites, si ladite personne le désire, à moins que le juge n'en décide autrement.

Art. 11. — Tout homme qui, publiquement ou en secret, commet ou aide à commettre, ou engage ou tente d'engager un autre homme à commettre un acte de grosse indécence avec une autre personne mâle, sera coupable de délit, et si sa culpabilité est prouvée, sera passible, au jugement de la cour, de l'emprisonnement pour un terme de deux ans au maximum, avec ou sans travail forcé.

Outrage à la décence publique.

Art. 12. — Lorsque, dans la poursuite pour une offense prévue dans le présent *act*, il est établi devant le tribunal que la séduction ou la prostitution d'une fille âgée de moins de seize ans, a été provoquée, encouragée ou favorisée par son père, sa mère, son tuteur, son maître ou sa maîtresse, il sera au pouvoir de la cour de priver un tel père, mère, tuteur, maître ou maîtresse de toute autorité sur la jeune fille, et de désigner une ou plusieurs autres personnes de bonne volonté pour lui servir de tuteur jusqu'à ce qu'elle ait atteint l'âge de vingt ans, ou tout âge inférieur que le tribunal

Tutelle de filles de moins de seize ans.

indiquera, et la haute cour aura le pouvoir de rapporter et de modifier de temps à autre cette ordonnance, en désignant une ou plusieurs personnes comme tuteurs, ou à tous autres égards.

TITRE II

Suppression des brothels.

Article 13. — Quiconque :

1º Tient, gère ou aide à gérer un *brothel ;* ou

Poursuites sommaires contre un tenancier de *brothel.*

2º Étant le tenancier, le locataire ou l'occupant d'un local, permet sciemment que tout ou partie de ce local serve de *brothel,* ou soit employé dans un but de prostitution habituelle ; ou

3º Étant le locataire (ou le propriétaire) d'un local, ou l'agent d'un locataire ou d'un propriétaire, le loue en tout ou partie en sachant que tout ou partie dudit local sera employé comme *brothel,* ou adhère de son plein gré à ce que tout ou partie de ce local soit employé comme *brothel,* sera sur un jugement sommaire, dans la forme prévue par les acts de juridiction sommaire, passible :

1º D'une amende n'excédant pas vingt livres sterling [500 fr.], ou, au jugement de la cour, d'un emprisonnement pour un terme n'excédant pas trois mois, avec ou sans travail forcé, et

2º Lors d'une seconde poursuite ou d'une poursuite subséquente, d'une amende n'excédant pas 40 livres sterling [1000 fr.], ou,

au jugement de la cour, d'un emprisonnement pour un terme n'excédant pas quatre
mois, avec ou sans travail forcé.

Et dans le cas d'une troisième poursuite
ou d'une poursuite subséquente, le délinquant pourra, en addition à l'amende ou à
l'emprisonnement ci-dessus, être requis par
la cour de s'engager, avec ou sans caution
au gré de la cour, à mener une bonne
conduite pendant une période maximum de
douze mois, et faute de s'y engager le délinquant sera emprisonné pour une période
de trois mois au plus, en sus de la peine
prononcée comme il est dit ci-dessus.

Quiconque est sommairement poursuivi,
aux termes du présent article, peut en appeler à un tribunal de sessions générales
ou trimestrielles.

Les clauses pour encourager les poursuites contre les maisons de débauche,
contenues dans les articles 5, 6 et 7 de
l'*act* passé dans la vingt-cinquième année
du règne du roi Georges II, chapitre XXXVI,
amendées par la clause contenue dans
l'article 7 de l'act passé dans la vingt-hui-
tième année du règne de George III, chapitre LXX, sont estimées devoir s'appliquer,
avec les modifications nécessaires, aux
poursuites prévues dans le présent article,
et lesdites clauses seront interprétées en
vue de cet article, comme si les poursuites
qu'elles édictent impliquaient des poursuites
sommaires du présent article, aussi bien
que les poursuites sur acte d'accusation.

XIV. — Projet de réglementation sanitaire

présenté par le D⟨r⟩ Alfred Fournier.

Visite des filles inscrites.

I. — Toute fille inscrite sera soumise à une visite médicale *hebdomadaire à jour fixe*.

II. — Cette visite consistera en l'examen des parties génitales externes et internes, de l'urètre, de l'anus, de la cavité buccale et de toutes parties du corps qu'il pourrait être utile d'explorer pour fixer un diagnostic certain.

(L'examen incomplet dit autrefois « petite visite » et consistant simplement dans l'inspection des parties génitales extérieures est et demeure aboli.)

III. — Une surveillance spéciale sera exercée sur les filles signalées ou reconnues comme syphilitiques, notamment sur celles qui seront trouvées affectées d'une syphilis récente.

Les filles affectées de syphilis seront soumises à *deux visites par semaines, à jour fixe*.

La durée de cette surveillance exceptionnelle sera de quatre années, période pendant laquelle la syphilis se traduit presque infailliblement sur des sujets récemment contaminés, par des poussées multiples d'accidents contagieux.

La durée de cette surveillance spéciale pourra d'ailleurs être prolongée, dans tous les cas où, d'après l'évolution des phénomènes morbides, le médecin jugerait cette prolongation utile à la sécurité publique.

Création d'un asile sanitaire.

I. — Les filles inscrites reconnues affectées de maladies vénériennes seront internées, jusqu'à guérison des accidents contagieux, dans un *asile sanitaire* spécial.

II. — Cet asile sera exclusivement ce qu'il doit être, à savoir : une maison où l'on traite des malades. Il n'aura pas seulement la disposition matérielle d'un hôpital; il en aura aussi l'esprit, la discipline et les mœurs.

Les malades y seront traitées avec les égards dus à tous malades, quels qu'ils soient. Toute rigueur inutile, toute mesure vexatoire tendant à modifier le caractère de l'asile et à transformer un hôpital en maison de correction, y sera sévèrement prohibée.

Offrir aux malades une assistance qui leur rende acceptable et enviable le traitement nécessaire à leur guérison, tel est le but à réaliser par la création de cet asile. Et, pour atteindre ce but, il conviendrait presque de prendre le contrepied des mesures oppressives, qu'au détriment de l'intérêt général une déplorable routine continue à appliquer au traitement des vénériennes.

Quant aux filles qui, par leur indiscipline, leur mauvaise conduite, se rendraient indignes des soins bienveillants du nouvel asile, elles seraient, sur une plainte dûment motivée, exclues de cet asile et renvoyées à l'infirmerie correctionnelle de Saint-Lazare.

III. — A l'Asile, dont nous venons de parler, sera annexé le service dit : *du Dispensaire*. De telle sorte que toute fille reconnue malade à la visite du Dispensaire pourrait être immédiatement retenue et internée à l'Asile sanitaire.

Cette disposition réunirait plusieurs avantages. Elle faciliterait les rapports nécessaires, les communications indispensables entre les divers services. Elle éviterait de nombreux déplacements. Elle éviterait aussi ces promenades incessantes de filles malades, transportées tour à tour du dispensaire à Saint-Lazare, puis de Saint-Lazare au Dispensaire, et transportées de la façon que nous allons dire dans un instant.

IV. — A ce même asile sera encore annexé un service de *consultations gratuites* pour les filles inscrites.

Ces consultations seront quotidiennes et à heure fixe.

Elles seront faites, à tour de rôle, par les médecins en chef, assistés du personnel médical de l'Asile.

A ces consultations seront délivrés gratuitement les divers remèdes prescrits aux malades, de telle sorte qu'une fille syphilitique, par exemple, ne présentant plus d'accidents contagieux, pourra continuer au dehors et sans frais, sous une direction médicale éclairée, le traitement nécessaire à sa guérison.

V. — Toute fille inscrite qui, affectée d'une maladie contagieuse, se présentera spontanément au Dispensaire avant le jour réglementaire de sa visite, recevra une prime de vingt francs.

Service médical.

1. — Les soins hygiéniques et médicaux des filles affectées de maladies vénériennes seront confiés à un certain nombre de médecins et d'élèves, tous recrutés par *voie de concours* et non plus nommés au choix, à la faveur, comme cela s'est fait jusqu'à ce jour.

II. — A l'Asile sanitaire, le nombre de malades confiées à un médecin et composant ce qu'on appelle un service, ne pourra, sous aucun prétexte, dépasser 80.

(Il est d'expérience, en effet, qu'un médecin, quelle que soit d'ailleurs son activité, quels que soient son dévouement et son expérience, ne peut utilement donner ses soins de chaque jour à un nombre de malades dépassant environ le chiffre de 80).

III. — Un service médical se composera : 1º D'un médecin en chef; 2º D'un élève interne ; 3º De 4 élèves externes, auxquels pourront être adjoints quelques élèves stagiaires ; 4º D'un interne en pharmacie.

(L'admission dans les salles de l'Asile d'un certain nombre d'élèves est une innovation vivement réclamée et réunissant plusieurs avantages. Elle sera profitable aux malades d'abord, pour les soins qu'exige leur état (pansements, visites, renseignements médicaux non moins utiles à recueillir dans le présent qu'à conserver pour l'avenir, etc., etc.). Elle sera profitable aux élèves, par les éléments d'instruction qu'elle leur fournira. Elle sera profitable à tout le monde, en vulgarisant l'étude des affections vénériennes, car, ainsi que je l'ai dit et établi ailleurs, les deux grands moyens de combattre la vérole au point de vue de la prophylaxie générale, c'est de la guérir d'abord, c'est ensuite *d'apprendre à la guérir*. Donc l'instruction que les élèves prendront dans les salles ne sera perdue pour personne, la société en bénéficiera la première.

IV. — Les médecins du Dispensaire seront également nommés *au concours*, ainsi que les élèves internes et externes attachés à l'asile sanitaire.

Le service de pharmacie sera de même recruté par *voie de concours*.

V. — Les concours pour la nomination des médecins de l'Asile, des médecins du Dispensaire et des élèves internes et externes porteront sur des sujets de vénéréologie et de dermatologie. — Un programme sera publié pour fixer les matières de ces divers concours.

La substitution du concours à la nomination administrative n'aura pas seulement cet avantage inestimable de conférer aux plus dignes des places justement recherchées. Elle rehaussera aux yeux de tous la situation des élus. Elle propagera, pour le plus grand bien de tous, l'étude et la connaissance d'une des branches les plus essentielles de l'art : la syphiliographie.

Retenir et interner une femme parce qu'elle est affectée d'une maladie vénérienne constitue assurément, comme on l'a dit, un abus de pouvoir, un attentat contre la liberté individuelle. Si une telle dérogation à de grands principes peut être légitimée par l'intérêt de la santé publique, il ne convient pas moins de la rendre plus excusable encore vis-à-vis de celles qui en sont victimes par des ménagements, des tempéraments, des atténuations de divers genres. Sauver le procédé par la forme, dans la mesure du possible, telle, ce me semble, devrait être la règle en pareille matière, et c'est là ce que s'accordent à prescrire le bon sens et l'équité. Or, loin d'être empreintes de cet esprit, les mesures policières et administratives actuellement en vigueur à l'égard des filles malades se composent d'une série d'humiliations, de vexations, de prohibitions, de rigueurs de tout genre, aussi inutiles en principe que stériles, nuisibles même comme résultats et ayant abouti en définitive à ceci : convertir un asile hospitalier, un asile où l'on guérit, en un lieu de terreur et d'horreur, en un épouvantail odieux, détesté. Faire le tableau du système actuel, que chacun condamne, m'entraînerait à des développements que ne comporte pas ce très rapide exposé. Comme exemple, du moins, qu'il me soit permis de citer quelques détails, d'après lesquels on pourra juger l'ensemble. Je prends au hasard, n'ayant que l'embarras du choix.

Une fille est reconnue malade au Dispensaire. Le même jour elle est conduite à Saint-Lazare, et conduite comment? Dans une voiture cellulaire, dans l'ignoble voiture connue du nom trivial que vous savez, qui sert de véhicule aux prévenus, aux voleurs, aux assassins, et qui, par elle seule, est un stigmate d'infamie. Or, pourquoi une voiture cellulaire? Pourquoi cette première humiliation imposée à une fille malade? A quel but, à quel intérêt pratique cela peut-il répondre?

Suivons maintenant cette même malade. Où la conduit la voiture en question? A Saint-Lazare. Or, qu'est-ce que Saint-Lazare? Une agglomération confuse de prévenues, de coupables, de criminelles à divers degrés... et de malades! Ainsi, cette femme malade, simplement malade, à qui la société n'a (pour l'instant au moins) d'autre délit à reprocher que celui d'une affection contagieuse, cette femme, dis-je, va franchir le même seuil, va passer sous la même porte, va être confinée dans les mêmes murs que les prévenues, les voleuses, les criminelles!!! C'est là une confusion, on l'a dit mille fois avant moi, qui révolte le bon sens et l'équité. Mais, disent les casuites, cette confusion n'existe pas en réalité, car il y a dans Saint-Lazare plusieurs « quartiers », et cette femme malade aura son quartier spécial qui la distinguera de ses voisines. Qu'importe? répond le bon sens ; même avec plusieurs quartiers, il n'y a qu'un Saint-Lazare, il n'y a qu'un écriteau sur la porte, et cet écriteau stigmatise d'infamie toutes celles qui passent au-dessous, quel que soit d'ailleurs le quartier qui les reçoive. Qu'elles soient ici ou là, l'opinion publique n'y regarde pas de si près et ne s'arrête pas à ces délimitations administratives. Pourquoi donc cette inique, cette abominable promiscuité ? Et qu'aurions-nous à répondre si, au moment où nous fermons les verrous sur elle, cette femme se retournait vers nous en nous jetant ceci à la face : « De quoi me punissez-vous au total ? De la vérole qu'on m'a donnée, c'est-à-dire de la faute d'autrui. Dans le but de me guérir, non pour moi, mais pour vous, vous m'enfermez. Soit ! Mais alors, ouvrez-moi un hôpital et non une prison. Je n'ai rien fait qui justifie mon assimilation avec des femmes qui ont volé, qui ont tué peut-être, et vous me confinez dans un tel milieu ! Ne me trouvez-vous donc pas assez avilie, moi, fille inscrite, pour me faire descendre un échelon de plus dans le mépris public, le dernier et le plus infâme échelon des décadences sociales? » A cette récrimination, je le répète encore, qu'aurions-nous à répondre, nous société? Rien, car la plainte de cette fille est juste, et le bon droit, en cet instant, n'est plus avec nous.

Mais poursuivons. Toute chose, toute institution a sa logique ; une prison a la sienne aussi. Pour être ce qu'elle doit être, une prison comporte un certain ensemble de dispositions matérielles, de règlements, de discipline, de mesures coërcitives, etc., qui l'approprient à sa destination. A ce titre, elle est et doit être absolument différente d'un hôpital, cela va de soi. Or, c'est dans une prison que vous introduisez une malade ; est-il donc possible que cette malade trouve là ce qui lui convient? Qui jamais a songé à assimiler un hôpital et une prison ? C'est faire injure au bon sens que de rapprocher choses si dissemblables; eh bien, cette injure au bon sens, Saint-Lazare nous en offre un exemple accompli.

Le but, l'unique but que nous cherchons à atteindre, est de *guérir* des femmes affectées de maladies contagieuses, afin qu'elles ne puissent pas transmettre à autrui le mal dont elles sont affligées. Or, qu'avons-nous besoin pour cela d'un système pénitentiaire ? A quoi peuvent nous servir pour cela les règlements, la discipline, les prohibitions, les rigueurs d'une prison ? Nous n'avons que faire de tout ce bagage importun pour la visée purement médicale que nous poursuivons, car jamais, que je sache, les greffes, les verrous et les grilles n'ont exercé d'influence curative bien manifeste sur les accidents de la vérole. Vainement on objecte que ces mesures pénitentiaires, que ces rigueurs spéciales sont rendues exigibles par le caractère et l'indiscipline des malades *spéciales* auxquelles on a affaire. A cela j'oppose une réplique formelle : Voyez Lourcine. Certes le public qui compose Lourcine est à peu près comparable à celui de Saint-Lazare : je dirai même plus, les filles de Lourcine, recrutées pour la plupart dans la prostitution clandestine et non encore soumises au moindre frein, sont bien plus indisciplinées, bien plus intraitables que les filles soumises; car jamais à Lourcine nous n'avons vu de malades plus dociles, au dire même de nos religieuses, très compétentes en pareille appréciation, que celles dont nous gratifie parfois le Dispensaire, lorsque Saint-Lazare est encombré. Or, est-ce que Lourcine est une prison? Est-ce que Lourcine a une discipline sensiblement différente de celle des autres hôpitaux ? Est-ce que Lourcine est ornée d'une grille à sa porte, d'un écrou, d'un poste de soldats? Rien de tout cela. N'empêche cependant qu'à Lourcine, même en l'absence de geôliers, on n'y traite efficacement la vérole;

n'empêche que Lourcine ne rende au public parisien d'énormes, d'incalculab'es services, au point de vue de la prophylaxie.

Il y a plus, et ce très petit détail peut avoir son prix dans l'espèce. Lourcine possédait encore un cachot, il y a quelques années. Ce cachot était considéré comme la sauvegarde, le palladium de la maison. Avec lui, et grâce à lui, disait-on, Lourcine « pouvait marcher »; sans lui, tout devait être perdu. Cependant ce cachot vénéré n'existe plus aujourd'hui, et j'en suis quelque peu coupable. Or, chose surprenante, Lourcine est restée, même sans ce cachot, aussi paisible que par le passé; Lourcine fonctionne comme devant, et miracle plus étonnant encore, la vérole continue à y guérir, même sans le cachot!

La conclusion très simple de tout ceci est que, s'il faut une prison pour des prisonniers, il faut un hôpital pour des malades. Le vice radical du système actuel est de confondre des malades avec des détenues. Et de là sont nés, par la force même des choses, des contre-sens et des abus que condamne l'opinion publique.

Incarcération. — Avec les procédés, la discipline, les mœurs, le régime d'une prison, voilà ce à quoi l'ancien système, encore en usage de nos jours, a abouti. Ce que nous réclamons, au contraire, ce que réclame, instruite par l'expérience du passé, l'opinion publique, c'est un ensemble de mesures qui assure le mieux possible, pour le plus grand bien de tous, la guérison des filles redoutables pour la santé générale, et qui, dans l'intérêt de tous, offre à ces filles la guérison sous une forme tolérable, indulgente, humanitaire, au lieu de la leur présenter sous un appareil brutal, correctionnel et tyrannique. Dans cet esprit, l'ensemble de mesures à adopter se résumerait d'après nous en ceci : *l'internement* d'abord, puisqu'il est indispensable à l'intérêt général ; mais ensuite et surtout, avec l'internement, *l'hospitalisation* des malades, l'hospitalisation pure et simple, l'hospitalisation tolérante, éclairée, charitable et féconde, se substituant au système intolérant, vexatoire et stérile de l'incarcération.

1879.

FIN

TABLE DES MATIÈRES

CINQUIÈME PARTIE

PROTECTION DES FILLES MINEURES

ANNEXES

— **Syphilis et santé publique.** 1890, in-16. 3 fr. 50

**Des fraudes dans l'accomplissement des fonc-
atrices,** 1889. 1 vol. in-18 . . . . 2 fr. 50

..sions, 1 vol. in-18 . . . . 2 fr. 50

.COIS. — **Les passions,** dans leurs rapports avec la santé et les
..dies, l'amour et le libertinage. 1 vol. in-16, 208 pages . 2 fr. »

.LIEU. — **La prostitution à Paris.** 1 vol. in-16 . . . . 2 fr. »

C.YER et KUHFF. — **Les organes génitaux de l'homme et de la
femme,** deuxième édition. Gr. in-8, 62 pages, avec 65 fig. et 2 planches
coloriées . . . . 7 fr. 50

DESPRÈS (A). — **La prostitution en France.** Etudes morales et démographiques, 1882. Gr. in-8 de xii-208 pages, avec 2 pl. lith. 6 fr. »

DUPOUY. — **Médecine et mœurs de l'ancienne Rome d'après les
poètes latins,** 1885. In-18 jésus de 430 pages. . . . . . 4 fr. »

FOURNIER (H.). — **De l'onanisme,** causes, dangers et inconvénients
pour les individus, la famille et la société, 1885. In-18 de 175 pages. 2 fr. »

FOURNIER (Alfred). — **Prophylaxie publique de la syphylis,** 1887.
In-8. . . . . 1 fr. 50

JEANNEL. — **De la prostitution dans les grandes villes au dix-
neuvième siècle,** et de l'extinction des maladies vénériennes; questions
générales d'hygiène, de moralité publique et de légalité, mesures prophy-
lactiques internationales, réformes à opérer dans le service sanitaire;
règlements exécutés dans les principales villes de l'Europe. Ouvrage précédé de documents relatifs à la prostitution dans l'antiquité, 1874. 1 vol.
in-18 de 658 pages avec figures. . . . . 5 fr. »

MAURIAC. — **Leçons sur les maladies vénériennes.** *Syphilis tertiaire
et syphilis héréditaire,* 1890. 1 vol. grand in-8 . . . . . 20 fr. »

— *Syphilis primitive et syphilis secondaire.* 1890. 1 v. gr. in-8. 18 fr. »

MAYER (Alex.) — **Des rapports conjugaux** considérés sous le triple
point de vue de la population, de la santé et de la morale publique, 1884.
1 vol. in-18 jésus de 370 pages. . . . . 3 fr. »

REUSS (L.). — **La prostitution** au point de vue de l'hygiène et de l'Administration en France et à l'étranger, 1889. 1 vol. in-8. . . . 7 fr. 50

RICHARD (David). — **Histoire de la génération** chez l'homme et chez
la femme. Deuxième édition, 1889. 1 vol. in-8 de 343 pages, avec 8 pl.
col. cart. 10 fr »

TARDIEU (A.). — **Etude médico-légale sur les attentats aux
mœurs.** 1 vol. in-8 de 304 p., avec 5 planches. . . . . . 5 fr. »

— **Étude médico-légale sur l'avortement,** 1881. 1 vol. in-8 de
280 pages. 4 fr. »

— **Étude médico-légale sur l'infanticide,** 1880. 1 volume in-8 de
370 pages, avec 3 planches coloriées. . . . . 6 fr. »